钓鱼技巧

陈宁宁　杨芹芹　编著

权威专家联合强力推荐　　专业·权威·实用

本书主要介绍了钓鱼的基本知识、选用钓具的技巧、选用鱼饵的技巧、选择钓场和钓点的技巧、垂钓的技巧等内容，内容充实、实用性强，让读者一看就懂，一学就会，一用就灵。

河北科学技术出版社

图书在版编目(CIP)数据

钓鱼技巧 / 陈宁宁，杨芹芹编著. -- 石家庄 ：河北科学技术出版社，2013.12(2023.1 重印)
ISBN 978-7-5375-6564-6

Ⅰ. ①钓… Ⅱ. ①陈… ②杨… Ⅲ. ①钓鱼(文娱活动)-基本知识 Ⅳ. ①G897

中国版本图书馆 CIP 数据核字(2013)第 268944 号

钓鱼技巧
陈宁宁　杨芹芹　编著

出版发行　河北科学技术出版社
地　　址　石家庄市友谊北大街 330 号(邮编:050061)
印　　刷　三河市南阳印刷有限公司
开　　本　910×1280　1/32
印　　张　7
字　　数　140 千
版　　次　2014 年 2 月第 1 版
　　　　　2023 年 1 月第 2 次印刷
定　　价　25.80 元

Preface 序

推进社会主义新农村建设，是统筹城乡发展、构建和谐社会的重要部署，是加强农业生产、繁荣农村经济、富裕农民的重大举措。

那么，如何推进社会主义新农村建设？科技兴农是关键。现阶段，随着市场经济的发展和党的各项惠农政策的实施，广大农民的科技意识进一步增强，农民学科技、用科技的积极性空前高涨，科技致富已经成为我国农村发展的一种必然趋势。

当前科技发展日新月异，各项技术发展均取得了一定成绩，但因为技术复杂，又缺少管理人才和资金的投入等因素，致使许多农民朋友未能很好地掌握利用各种资源和技术，针对这种现状，多名专家精心编写了这套系列图书，为农民朋友们提供科学、先进、全面、实用、简易的致富新技术，让他们一看就懂，一学就会。

本系列图书内容丰富、技术先进，着重介绍了种植、养殖、职业技能中的主要管理环节、关键性技术和经验方法。本系列图书贴近农业生产、贴近农村生活、贴近农民需要，全面、系统、分类阐述农业先进实用技术，是广大农民朋友脱贫致富的好帮手！

中国农业大学教授、农业规划科学研究所所长
设施农业研究中心主任 张天柱

2013年11月

Foreword 前言

农业是国民经济的基础，是国家稳定的基石。党中央和国务院一贯重视农业的发展，把农业放在经济工作的首位。而发展农业生产，繁荣农村经济，必须依靠科技进步。为此，我们编写了这套系列图书，帮助农民发家致富，为科技兴农再做贡献。

本系列图书涵盖了种植业、养殖业、加工和服务业，门类齐全，技术方法先进，专业知识权威，既有种植、养殖新技术，又有致富新门路、职业技能训练等方方面面，科学性与实用性相结合，可操作性强，图文并茂，让农民朋友们轻轻松松地奔向致富路；同时培养造就有文化、懂技术、会经营的新型农民，增加农民收入，提升农民综合素质，推进社会主义新农村建设。

本系列图书的出版得到了中国农业产业经济发展协会高级顾问祁荣祥将军，中国农业大学教授、农业规划科学研究所所长、设施农业研究中心主任张天柱，中国农业大学动物科技学院教授、国家资深畜牧专家曹兵海，农业部课题专家组首席专家、内蒙古农业大学科技产业处处长张海明，山东农业大学林学院院长牟志美，中国农业大学副教授、团中央青农部农业专家张浩等有关领导、专家的热忱帮助，在此谨表谢意！

在本系列图书编写过程中，我们参考和引用了一些专家的文献资料，由于种种原因，未能与原作者取得联系，在此谨致深深的歉意。敬请原作者见到本书后及时与我们联系（联系邮箱：tengfeiwenhua@ sina. com），以便我们按国家有关规定支付稿酬并赠送样书。

由于我们水平所限，书中难免有不妥或错误之处，敬请读者朋友们指正！

编　者

CONTENTS

目 录

第一章 钓鱼基本知识

第一节 学习科学知识 …… 2

第二节 钓鱼规范和禁忌 …… 5

第三节 把握春钓的最佳时机 …… 6

第四节 了解鱼的食性与生活习性 …… 7

一、鱼的食性 …… 7

二、鱼的生活习性 …… 8

第五节 因鱼而钓 …… 14

一、掠食性鱼拖拽钓 …… 14

二、大海鱼群追踪钓 …… 16

三、草食性鱼悬浮钓 …… 17

四、杂食性鱼变化钓 …… 18

五、洄游性鱼定时钓 …… 20

第六节 选择钓点 …… 21
一、在有鱼食处寻鱼踪 …… 21
二、在适温处寻鱼踪 …… 21
三、在溶氧量充足的水域寻鱼踪 …… 22
第七节 选择钓位 …… 23
一、小型水体的典型好钓位 …… 24
二、大中型水体的好钓位 …… 26
第八节 四季用饵攻略 …… 26
一、春季用饵方法 …… 27
二、夏季用饵方法 …… 28
三、秋季用饵方法 …… 28
四、冬季用饵方法 …… 29
第九节 春钓浅的技巧 …… 30
一、宜钓晴暖不宜钓阴冷 …… 30
二、宜钓风天不宜钓平静 …… 31
三、宜钓光水不宜钓片草 …… 33

第二章 钓鱼用具的挑选

第一节 渔竿的挑选 …… 36
一、渔竿的类型 …… 36
二、挑选渔竿的要点 …… 37
第二节 鱼钩的挑选 …… 40
一、鱼钩的形状 …… 40
二、鱼钩的颜色 …… 41
三、鱼钩的型号 …… 42
四、选择鱼钩时的注意事项 …… 43
第三节 渔线的挑选 …… 44

一、渔线类型 …… 44
二、选择渔线时的注意事项 …… 44
第四节 浮漂的挑选 …… 49
一、浮漂的结构 …… 50
二、浮漂类型 …… 52
三、浮漂的选用原则 …… 55
第五节 渔轮的挑选 …… 56
一、渔轮种类 …… 56
二、选配渔轮 …… 57

第三章 钓鱼用具的使用

第一节 为渔竿加绝缘把套 …… 60
第二节 保护好渔竿 …… 60
一、用后擦洗干净 …… 60
二、“丢卒保车” …… 61
三、防止竿折 …… 61
四、防止挤压磕碰 …… 61
五、保护竿梢软带，减少磨损 …… 62
第三节 渔线与渔竿的连接 …… 62
一、气门芯连接法 …… 62
二、活套环连接法 …… 63
三、橡皮筋连接法 …… 63
四、连接环连接法 …… 63
五、太空豆连接法 …… 64
第四节 绕线轮连接法 …… 64
一、绕线轮常用方法 …… 65
二、使用绕线轮连接法应注意两个问题 …… 65

第五节 绕线轮的使用 …… 66
一、装线 …… 66
二、自制缠线盘 …… 67
三、绕线轮的保养 …… 67
第六节 海竿钓法的类型 …… 68
一、钓底 …… 68
二、钓浮 …… 70
三、路亚钓法 …… 73
第七节 海竿使用要素 …… 74
一、调整好线轮的曳力再抛竿 …… 74
二、调整好下垂线的长度 …… 75
三、食指勾钓线、打开线挡 …… 75

第四章 鱼饵的配制

第一节 鱼饵的配制常识 …… 78
第二节 影响饵料配制的因素 …… 80
一、所钓鱼的种类 …… 80
二、水质因素 …… 80
三、气温、水温情况 …… 81
四、季节因素 …… 81
五、水域面积因素 …… 82
第三节 配制诱饵的目的 …… 82
一、把鱼引诱过来 …… 82
二、把鱼留住 …… 83
三、吊鱼的胃口 …… 84
第四节 如何配制香饵 …… 84
一、配制的方法 …… 84

二、可用来配制香饵的香料 …………………………………… 86
第五节　如何配制酸饵 ………………………………………… 89
一、长效酸饵的配制 ………………………………………… 90
二、用老面肥配制酸饵 ……………………………………… 90
三、混合法配制酸饵 ………………………………………… 91
四、用水果、果汁配制酸饵 …………………………………… 91
五、用糯米酒配制酸饵 ……………………………………… 91
六、用馒头、面包配制酸饵 …………………………………… 92
第六节　如何配制诱钓合一饵 ………………………………… 92
一、粉状物 …………………………………………………… 93
二、颗粒状物 ………………………………………………… 93
第七节　如何配制腥味饵和怪味饵 …………………………… 94
第八节　如何配制药米饵 ……………………………………… 95
第九节　如何用酒泡中药液 …………………………………… 96
第十节　如何配制黏饵 ………………………………………… 97
第十一节　如何配制蘸饵 ……………………………………… 98

第五章 鱼饵的巧用

第一节　用饵原则 …………………………………………… 100
一、因“鱼”制宜 …………………………………………… 100
二、因地制宜 ………………………………………………… 100
第二节　用饵技巧 …………………………………………… 101
一、注重钓前调查 …………………………………………… 101
二、灵活调整、及时换饵 ……………………………………… 101
第三节　使用诱饵的注意事项 ……………………………… 102
一、确定钓位后再投诱饵 …………………………………… 102
二、要用打窝器投放诱饵 …………………………………… 103

三、掌握好诱饵的用量 …… 103
四、要连续不断地投放诱饵 …… 104
五、可同时在多处撒饵 …… 104
六、一个钓点,多处撒饵 …… 105
七、可用网状袋投入诱饵 …… 105
八、巧做“窝外窝” …… 105
九、根据气温投放诱饵 …… 106
十、根据水质投放诱饵 …… 106
第四节　真饵钓 …… 106
一、饭粒、麦粒沉底钓 …… 107
二、种子粉末捏团钓 …… 108
三、植物粉末发酵钓 …… 109
四、菜叶嫩草浮钓 …… 111
五、动物活体穿钩钓 …… 112
六、动物尸体切块钓 …… 114
七、荤素粉末混合钓 …… 114
八、以素裹荤“包子”钓 …… 115
九、食品做饵方便钓 …… 116
第五节　假饵钓 …… 118
一、铜片钓 …… 118
二、羽毛抽钓 …… 118
三、线扣刷钓 …… 119
四、旋转亮片钓 …… 120

第六章　常见鱼的习性及钓法

第一节　鲫鱼 …… 122
一、生活习性 …… 122

二、垂钓用具 …… 123
三、垂钓方法 …… 123
第二节 草鱼 …… 131
一、生活习性 …… 131
二、饵料配方 …… 132
三、垂钓方法 …… 134
四、钓位选择 …… 135
第三节 鲤鱼 …… 136
一、生活习性 …… 136
二、垂钓用具 …… 137
三、垂钓饵料 …… 137
四、钓位的选择 …… 139
五、垂钓方法 …… 139
第四节 青鱼 …… 140
一、生活习性 …… 140
二、选择钓点 …… 140
三、垂钓饵料 …… 141
四、垂钓用具 …… 142
五、垂钓方法 …… 142
六、注意事项 …… 143
第五节 鳜鱼 …… 144
一、生活习性 …… 144
二、怎样诱鱼 …… 144
三、鳜鱼的食饵 …… 145
四、钓具和钓点的选择 …… 146
第六节 鲶鱼 …… 147
一、生活习性 …… 147
二、垂钓用具 …… 149
三、垂钓饵料 …… 149

四、钓位选择 …… 150
五、垂钓方法 …… 151
第七节 罗非鱼 …… 154
一、生活习性 …… 154
二、垂钓用具 …… 155
三、垂钓饵料 …… 156
四、选择钓点 …… 156
五、垂钓方法 …… 157
第八节 鲢鱼、鳙鱼 …… 161
一、生活习性 …… 161
二、饵料 …… 162
三、垂钓钓具 …… 163
四、垂钓方法 …… 164
第九节 鳘鲦鱼 …… 166
一、生活习性 …… 166
二、垂钓饵料 …… 167
三、垂钓用具 …… 167

第七章 钓鱼小窍门

第一节 遛鱼技巧 …… 170
第二节 投竿要诀 …… 171
一、手竿投竿方法 …… 171
二、海竿投竿方法 …… 172
第三节 提竿要诀 …… 173
一、提竿时机 …… 173
二、提竿方法 …… 174
第四节 提高上钩率 …… 175

第五节 避免小杂鱼的打搅 …… 177
一、吓唬 …… 178
二、引开 …… 178
三、隐藏 …… 178
四、改变诱饵 …… 178
五、变换钓饵 …… 179
六、弃浅钓深 …… 179
七、游击战术 …… 180
八、强小杂鱼所难 …… 180
第六节 避免渔竿卡节 …… 181
一、铅坠太轻 …… 181
二、操作方法不当 …… 181
三、放线方法欠妥 …… 181
第七节 避免断竿措施 …… 184
一、正确选用钓竿 …… 184
二、线组的选用要恰当 …… 184
三、避免用力过猛 …… 185
四、合理调控钓竿的受力状况 …… 185
第八节 如何处理有鱼就是不咬钩 …… 186
第九节 如何把握提竿时机 …… 187
第十节 如何处理操作方法不当导致的跑鱼 …… 188
第十一节 如何处理鱼上钩后连连脱钩 …… 190
一、鱼钩问题 …… 190
二、渔线问题 …… 190
三、提竿方法和提竿时机掌握不当 …… 191
四、拴钩方法不当 …… 191
第十二节 如何处理鱼钩挂底 …… 191
第十三节 如何应对鱼类警惕性 …… 192
第十四节 如何处理手竿打不准钓点 …… 194

第十五节　钓鱼临场应变 …… 194
一、钓竿应变 …… 194
二、浮漂应变 …… 195
三、钓线应变 …… 197
四、钓法求实用，不求花哨 …… 198

第八章　钓鱼安全常识

第一节　了解安全保护知识 …… 202
第二节　钓鱼注意事项 …… 202
一、计划编制 …… 202
二、气象知识 …… 203
三、沼泽地的涉行 …… 203
四、良好的钓鱼风格 …… 204
第三节　保护眼睛 …… 205
第四节　避免晒伤 …… 206
第五节　防止电击 …… 206
第六节　防止蜂蜇 …… 207
第七节　避免被毒蛇咬伤 …… 207
第八节　躲避蚂蟥侵扰 …… 208
第九节　注意卫生保健 …… 208

第一章 钓鱼基本知识

第一节 学习科学知识

初学钓鱼的人总想着投下钓饵就能钓到鱼。也有的钓者一心寻求钓鱼的秘方，觉得有了这些秘方就可以无论在什么时间、任何水域中都能钓到鱼，能够“以不变应万变”。事实上，钓鱼靠实践，经验靠积累，那些钓鱼高手哪个不是经过多年的“磨炼”才练就一手高超的钓鱼技术？只有掌握与钓鱼相关的一些科技知识的钓者才能够成为钓鱼人中的“智者”。

有些钓鱼者，偶尔也能钓到鱼。但是如果你问他，为什么用这种饵，为什么今天能够钓到这么多鱼，他可能说不出个所以然来。而那些经验丰富的钓鱼者，可以用科学知识来解答。这是因为前者仅有实践经验而缺乏科学知识，而后者可以说是进入了钓鱼的“自由王国”，这就是这两种钓鱼者的不同之处。

某市有位姓郭的老者，是个钓鱼高手，他与一位养鱼的老板关系很好。一日，养鱼的老板给老郭打电话，请他过去帮个忙。养鱼的老板在电话里说：“塘边来了许多钓鱼人，都过去两个多小时了，才钓到一些小鲫鱼，说塘里没有鱼，要走人。他们要是都走了，我就没法赚钱了，你快点儿来帮个忙，把他们留下来。”

听完老板的电话，老郭赶紧收拾好钓具，立即赶往老板的养鱼塘，找到钓位后投饵下钩。还真是奇怪，他下钩连 5 分钟都不到，鱼漂就慢慢浮起，一扬竿，一条 350 克左右的鲫鱼被钓了上来。接着，他又钓上来一条 1.5 千克的鲤鱼。那些前来钓鱼的人看傻了，真是奇怪，自己这帮人两个多小时，都没钓上大鱼，眼前这个人刚来一会儿，就钓上了几条大鱼，他们的兴致被提了起来。其中一人向老郭要了一团鱼饵，他刚把饵投入水中，一下竿，很快浮漂升了起来，一条400克的大鲫鱼被钓了上来。于是，那些钓鱼者明白，并不是塘里面无鱼，是他们用的饵不对路，老郭将自己用的“绝招钓饵”分给了他们，很快他们就收获颇丰。钓鱼者开心了，养鱼的老板也赚到钱了，与老郭的友情更深了。

老郭是位钓鱼的有心人，他的钓饵“秘方”不是凭空而来的，他家里备有水族箱，他长期观察和实验气温、气压、空气湿度对鱼生活的影响，以及鱼对各种饵料的吞食情况。同时，他还结交了许多朋友，包括水产科学家、中科院院士等，经常发表关于钓鱼科学知识的文章，多次获得各种钓鱼比赛的奖项。可以说，他是名副其实的有理论、有实践的钓鱼高手。他的钓技是高超的、科学的。因此那几位钓鱼者的钓技与他相比就相形见绌了。

钓鱼活动中会有很多有趣的事情发生，如果没有足够的科学知识，碰到那些问题就很难解决。比如说，“春钓边，夏钓潭，秋钓阴，冬钓阳”，大家知道这是钓鱼应遵循的规律，但是为什么要这样做呢？很多人就无法说清楚了，知其然，不知其所以然。再如，为什么有些鱼会生活在不同水层，像鲫鱼、鲇鱼一般都是生活在水的底层；而鲢鱼、鳙鱼一般生活在水的中层或上层。这些都是有科学依据的，只有弄明白诸如此类的问题，才能够成为钓鱼高手，而不是盲目地去钓鱼。

也许有些人觉得，钓鱼只不过是一种娱乐活动，没必要搞得那么复杂，为什么学那么多科学知识？这不是变相增加了精神负担，使钓鱼不再是一种轻松的娱乐活动了吗？这种态度无可非议，很多钓鱼者确实持有这种态度，“钓翁之意不在鱼”，只当是娱乐，偶尔也会有收获。但我们提倡的是一种更高一层的钓鱼活动，我们把钓鱼当作一种高雅的综合性体育活动，了解各种客观因素对鱼儿的生

活的影响，对钓具、钓饵运用自如，精通钓技，娴熟操作，使得钓鱼活动至善至美，达到物质精神双丰收，而且钓到鱼时的精神快感比没有钓到鱼的精神收获要大得多，将钓鱼当成斗智的竞技运动，这也是钓鱼的高级阶段，要想达到这一步，如果没有科学知识做基础便只是幻想。

钓鱼活动，鱼是中心，人围鱼转，投鱼之所好。俗语说："知己知彼，百战不殆。"钓者只有熟悉和掌握鱼的生理特征和生活习性，才能做到因时制宜、因地制宜、因鱼制宜，才会有更大的收获。

那么，哪些相关的科学知识需要钓鱼者掌握呢？

1. 鱼类学知识　如鱼的器官构造及其功能，鱼是怎样吃食的，鱼有哪些吃食方式，鱼的食性有什么特点，鱼是怎样呼吸的，不同的鱼为什么生活在不同的水层，什么样的水质适合鱼类生活，鱼的种类有哪些，各类鱼的生活习性是怎样的……掌握了这些知识，就掌握了钓鱼的主动权，才能较正确地选择钓具和使用饵料，才能较准确地选择钓位和钓点。

2. 水文知识　鱼儿离不开水，水质的优劣直接影响着鱼的生活。水的深浅，水的颜色，水中水生植物的多少与鱼的生活都有着密切关系。这就是钓鱼人常说的"钓鱼人要识水性"。

3. 气象学知识　鱼的生活与气象条件有着极为密切的关系。鱼类是变温动物，其自身体温随着气温的变化而变化。因此，钓鱼人首先应了解鱼类最适宜生活的气温条件。其次气压的高低对鱼的生活影响也很大。气压过低，会减少水中的溶氧量，使鱼的生活受到影响。

学习这些科学知识的方法灵活多样，不必刻意去读鸿篇巨制，经常借鉴一些钓鱼类书籍、杂志上的文章就可以了。学习是一个循环渐进的过程，不用等到学好了才去钓鱼，可以边学边实践，学中钓，钓中学。做个钓鱼的“有心人”，钓鱼过程中要经常动动脑子，多和钓鱼者交流经验，切磋钓技，不断进取，这样就会不断积累钓鱼知识，钓技必然会更上一层楼。

第二节 钓鱼规范和禁忌

（一）不要向河中丢废弃物

塑料和尼龙薄膜等废弃物对鱼类的栖息环境有着很大的影响。当此类物质在河底、湖底沉积多了，就会使得浮游生物的营养盐类无法在水中扩散，使鱼的食物来源减少。同时，在钓底层鱼时，很可能使一些水草杂物等挂在鱼钩上，导致钓具拉断。因此应将废弃物带回，不要丢进水中。

使用毒害鱼类的药物，是灭绝水产资源的渔法；用炸药炸鱼，对水产资源破坏性极大。两者都容易造成人身中毒及伤亡事故，应严格取缔。对水产资源必须进行科学的管理和合理的利用，不能酷渔滥捕。

（二）“钓翁”之意不在鱼

日本钓鲫鱼的团体有个习规，会将钓到的鱼养在鱼护中，最后通过称重量得出成绩，然后再将鱼都放回池塘中。如果钓到的是青鱼或鲶鱼这一类的美味的鱼，他们会将大的留下来，将小型的幼鱼放生，待日后养成大鱼，也能够让别人享受到垂钓乐趣。这是钓鱼爱好者的成规，钓鱼场所和鱼类是属于大家的，大家都应该保护钓鱼的乐园。

第三节 把握春钓的最佳时机

3月是春钓的最好月份（北方的春钓大约从4月上旬至5月为佳）。每年的2月下旬至清明前后，仲春的主流天气主要是清爽、暖和，极少有高温天气。鱼儿在这样的气象条件下显得活跃异常，觅食积极，这就使得钓鱼者的收获大大增加。

（一）钓鱼需趁早

一般喜欢在湖库里钓鱼的人会起个大早，通常在凌晨三四点就守在湖库边了，这样做的原因有四点：一是能够选到好钓点；二是诱鱼时间延长，因撒诱饵早，增加了次数和饵量，诱鱼效果明显，会有鱼聚拢，提高了大鱼进窝的概率；三是能够钓到凌晨到近岸活动的第一拨鱼；四是从休闲怡情的角度来看，尽可能享受山水间清新的气息，饱览华丽晨光。

（二）不惧雨

仲春时分，春雨绵绵，这个季节也是春雨较多的时间，在春雨中库钓鲫鱼是十分惬意的事。在选对窝子的情况下，持一根趁手的手竿，即使钓组和钓技都不是太好，用饵也不苛求，荤素皆宜均可钓获。

（三）撒饵做窝引春鱼

春鱼固然好钓，但我们还应该记住这样一句话：“做好窝，钓鱼多。”春天的鱼刚刚度过寒冷的冬季，多数处于饥饿状态，急需补充因长期寒冷造成的身体虚弱；但是因为存在自然水域水面宽广、鱼密度较小的问题，想在短时间内钓到大鱼，比较好的方法就是用撒饵做窝的办法把鱼从各处引来。

第四节 了解鱼的食性与生活习性

一、鱼的食性

同世界上所有有生命的生物一样，鱼类也需要获得维持生命的营养物质，而这些物质一般都是从它生活的环境中获得，这样才能保证它的生长、繁殖。鱼的种类繁多，生长在不同的水域，受不同气温的影响，其摄食特征有明显差异。一般可分为以下几种食性。

1. 素食性　以摄取大自然中植物性质的食物为主，如水中的浮萍、绿叶、嫩草，各种谷物及其粉状、颗粒状物。

2. 荤食性　以动物性质的食物为主要摄取对象，如小鱼、小虾、蚌肉、螺蛳肉、蚯蚓、昆虫等。

3. 杂食性　有些鱼食性广泛，既食荤类食物，也食素类物质。如鲫鱼，既食面团类的素饵，也食蚯蚓类的荤饵，鲤鱼、草鱼也是如此。

4. 浮游生物食性　生活在水的中、上层的鱼以漂浮在水面、水的上层中的浮游生物为主要食物。这类鱼在捕获食物时，会将嘴和鳃张开，让水流通过口腔，将浮游生物吸入口中，滤出不需要的物质。

鱼儿在猎取食物时形体也会发生变化。在钓鱼过程中，带饵的钩多半接近水底的泥土，当鱼儿发现目标后，是头朝下，尾翘起，侧斜着身体，在鱼儿咬住食饵后，身体一般就会处于水平状态，当感到口中有异物时，或者钩尖刺住鱼嘴时，鱼会因为疼痛而将头上扬。渔线有拉力，鱼头上扬是为了减少线的拉力而减少疼痛，鱼头在上扬过程中，会带动渔线、鱼钩的上升，这就引起水面浮漂上浮，钓鱼人称这一现象为“鱼送漂”，当看到浮漂的这种移动，你就应该知道鱼已上钩了，这也正是提竿的好机会。但是，也有时候，鱼儿因为被鱼钩刺痛了就会不顾一切地挣扎，向别处窜游，这就会带动渔线随鱼而去，浮漂也会因此而没入水中，这也是一种鱼上钩的信号。知道了鱼儿的这些摄食状态，也就知道了浮漂上浮或沉没即是扬竿的信号。不然，很可能就错过了钓大鱼的机会了。

二、鱼的生活习性

淡水中的鱼类，也有其生活规律。这就需要钓鱼者摸准鱼的脾气，熟知鱼儿的生活习性，才能做出鱼儿爱吃的饵料，才能有针对性地选择钓位和钓点，这样才会在钓鱼过程中有较大的收获。

生活在淡水中的鱼，有以下几个主要规律，即对氧气的依赖性、对气温的适应性、对食物的灵活性。

（一）对氧气的依赖性

人，不吃不喝，还能够活上几天，但是如果缺氧，人就很快窒息了。鱼也是一样，氧气也是鱼儿能够生存下去的重要的条件。

家庭养殖的观赏鱼，一般都会用微型增氧设备往鱼缸里输送氧气；市场上卖鱼人也会用增氧设备往鱼箱里输送氧气；养鱼场里也有大型的增氧机，不定时地往水中增加氧气。

很多人会发现这样的现象：好不容易钓回来的鱼，想放在家庭的水盆里、浴盆里养着，但是很快就死掉了，尤其是夏天，一天时间鱼就可能死掉，秋天、冬天还好些，鱼儿还能生活很长时间，甚至可以越冬活到第二年的春天。还有一个现象：水多，养的鱼活的时间长；水少，则鱼活不了多久。人们还发现：越小的鱼越容易养，例如 50 克至 100 多克的鲫鱼要比超过 500 克的大鱼好养得多。

对于这些现象，究其原因：夏天气温高，水中的氧气消耗快；冬天气温低，水中的氧气消耗量小，溶氧量仍较大。鱼儿小，对氧气的需求较少；鱼大，对氧气的需求也变大了。水中的含氧量与水量的多少成正比，水量多，含氧量相对也多；水量少，水中的氧气也会变少。

空气中的含氧量要比水中的溶氧量多得多，水中的氧气含量仅有百万分之六，而空气中的氧气含量约为 18%。当气温在 20℃时，1 升水中大约含有 298 毫克氧。

水中的溶氧量多数是由空气中得来的，向水中溶氧的过程是从上层往下渗透，因此，水上层的溶氧量要比水下层的溶氧量多，其溶氧量随着水位的加深而降低。

水中的溶氧量并不是固定不变的，也会随着各种因素发生改变，因此，鱼的生存也会受到影响。如鲢鱼、鳙鱼、鳊鱼、翘嘴红鲌，它们的耐氧能力很低，一旦水中的溶氧量较低，它们就会感觉呼吸难受，就会跃出水面。

影响水中的溶氧量的因素有以下几种。

1. 水温的影响　水的溶氧量与水的温度成反比关系。水中的溶氧量会随着水温的升高而减少；当气温低时，水中的溶氧量则相对

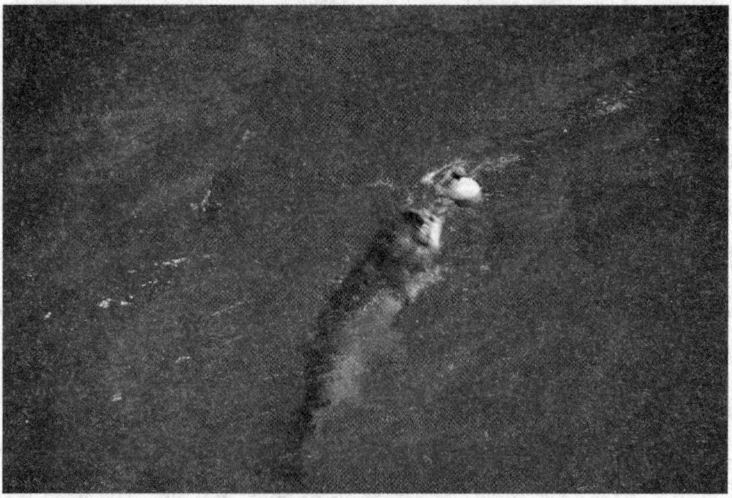

丰富些。

2. 水的面积的影响　水的表面积大，说明水的容量大，水面积大，溶氧量就多，鱼就不会死。如水库、湖泊、江河，是不存在缺氧的，那里的鱼生活得很舒适。

3. 昼夜变化的影响　因为夜间的温度低于白天，所以，夜间水中的溶氧量高于白天。有些鱼为什么喜欢夜间活动觅食呢？除了怕强光喜阴暗，还因为夜间水的溶氧量丰富，鱼感到舒适。

4. 水的深浅情况的影响　大气中的氧气在气压的作用下通过水的表面向水中渗透，再通过水分子的运动向水的深处渗透。所以，水的上层溶氧量要比水的深层溶氧量大。

5. 水生植物的影响　水生植物在光合作用下产生氧气。水生植物多，水中的溶氧量就多。

我们知道了氧气对鱼儿的重要性后，就懂得在钓鱼时应先观察一下水域，因为鱼有趋氧性的特点，水中哪里氧气较为充足，鱼就会游到哪里。以鲢鱼、鳙鱼为例，由于水的中、上层氧气比水的底层丰富，鲢鱼、鳙鱼在缺少氧气的情况下很难生存，水底的氧气无法满足它们的需要，因此它们多生活在水的中、上层，如果想钓这一类的鱼儿，就要采用悬钓法，而不能采用底钓法。在春天，由于近岸的浅水区氧气比较充足，鱼儿多会在浅水区游弋觅食；在刮风的时候，风会带动波浪，有波浪的区域要比静水区域的氧气充足，因此有波浪的区域鱼儿也会比较多。

（二）鱼的趋温性

气温、水温、鱼的体温三者有着密切联系：水温会随着气温的变化而变化，水温的变化又会对鱼的体温产生影响。

鱼是一种变温动物。经过多位研究工作者的探测，鱼的体温与其生活的水温的温差在0.5~1℃。

鱼儿为了生存，一般都会寻找适合自己生存的水域。如果水温发生了变化，鱼儿就会重新选择水层。因气温的变化，不同的水层的水温变化也较大，有时水底层的水温比上层高；有时上层的水温又比底层高，因此有时鱼儿会潜入水底，有时又会游到水的上层。

若水温过高，鱼儿也会游到深水区栖息。炎热的夏季，气温高达37℃以上，多数适合生活在水温30℃以下的鱼因为怕热而躲在深水区。

鱼有趋温性。鱼总是趋向具有适宜水温的区域。

一般的淡水鱼适宜生存的水温是多少呢？我们在这里简单介绍一下几种鱼最适合生存的水温。

鲫鱼：最适宜水温是16~25℃。

鲤鱼、鲇鱼：最适宜水温是20~27℃。

草鱼、青鱼：最适宜水温是25~30℃。

罗非鱼：最适宜水温是10~30℃。

鳊鱼：最适宜水温是15~30℃。

鲢鱼、鳙鱼：最适宜水温是22~30℃。

甲鱼：最适宜水温是18~32℃。

综上所述，淡水鱼在15~25℃的水温范围内都适宜生存。也就是说，在这个温度范围内钓鱼效果最好。

（三）喜草性

俗话说："钓鱼不钓草，肯定钓不到。"这句话道出了鱼和草之间的密切关系。

1. 水草及水草上的附着物是鱼的食料　有些鱼是直接以水中的水草为食物的，如草鱼。

生长在水中的草上，常常会有蛾、蜻蜓、蚂蚱等昆虫落在上面，鱼通过触动草秆，使得这些小昆虫落入水中，成为自己的食料。有时也会直接跃出水面，直接捕食小虫和飞蛾等小昆虫。

2. 水草是雌鱼的"产床"　鱼儿多在春末夏初的季节进行繁殖，这时水草长得茁壮，鱼儿常常依靠水草的草茎、草叶，水中的树枝来摩擦自己的身子，使精子、卵子排出体外。因此，有水草的地方，也多是鱼儿出没的地方。

3. 水草可净化水质　水质因天气、风沙的原因有时会变得浑浊，既影响了鱼的觅食，也影响垂钓效果。但有水草的水域，因水草的阻挡，泥浆会附着在草叶、草茎上，使水比较清澈，这就有利于鱼的栖息和觅食。

4. 水草周围食料丰富　水中有风浪时，浪会把浮游生物冲到有水草的地方，被草阻挡，浮游生物便聚集在一起，鱼儿自然会游到这里觅食。

5. 有草的水域溶氧量高　由于水生植物在光合作用下会释放氧气，有水草的水域氧气多。鱼有趋氧性，因此，有水草的地方自然是鱼聚集的"鱼窝"。在此下钩，钓中鱼的概率会高一些。

尽管有水草处是许多钓鱼者的首选钓点，但事物都具有两面性，应对具体情况具体分析。

第一，并不是水中生长的水草越多越好，我们常常见到有些塘口，整个水面全被水草覆盖，这并不是垂钓的好钓点。

第二，有水草的地方，往往是小鱼聚集之地，闹窝的情况很严重，钓饵一入水，很容易被抢食，这就导致钓到大鱼的机会降低了。有些无水草的地方，很少有小鱼打搅，钓鱼效果反而好。所以，不能说有水草的地方就一定是好地方，没有水草的地方就一定不好。

（四）杂食性

有些鱼的食性不是单一的食性，既食肉类物质，也食植物类物质，所以是杂食性。淡水中的许多鱼都属于杂食性的，如鲫鱼、草鱼、青鱼、鳊鱼、鳘鲦、黄颡、鲤鱼等。它们喜爱吃蚯蚓类，也吃各种粉类物质，如薯块、嫩玉米粒、饼粉，有时也浮到水的上层滤食藻类物质、植物残屑等。它们常常因为气温、水温的原因在某一个时期以某种性质的食料为主。鲫鱼，当水温在 15℃以下时，以动物性质的饵料为主；当气温在 30℃以上时，又荤素皆食，甚至以面团类饵料为主。这就是说，鱼的食性受气温变化、水温变化以及鱼生长期的影响。

第五节 因鱼而钓

现有的鱼类有很多种，通过钓鱼可得的鱼类有上百种。然而有些人钓了很多年，钓到的鱼的种类却很少，这是因为他只在某一地区用一两种方法垂钓，虽然鱼是钓了不少，但是种类比较单一；有的人采用多种钓法，钓三四十种；也有的人既在淡水钓，也在海洋钓，可钓上百种鱼。只有少数人是真正的钓鱼高手，走南闯北，可钓鱼种达二三百种。如今交通发达，人们的生活水平也有了很大的提高，因此钓鱼的天地也变得更加宽广。

不同种类的鱼，具有不同的习性，摄取的食物也不相同。有的吃荤，有的吃素，还有的什么都吃；有些鱼的体形虽然很大，但是却只吃一些体形很小的浮游生物；有的鱼儿喜欢追寻活食，有的鱼儿只吃静态的死食；有的鱼儿吃食时反复验证食物有没有危险，有的鱼儿却见饵就吞；有的鱼儿在水表抢食，有的鱼儿则在水底的泥沙中拱食；有的鱼儿听见响声、看见漂浮物就快速游向前，有的鱼儿却听见响声、看见水中物体立即逃向远方；有的鱼儿会因为天气太冷而不进食乃至冻死，有的鱼儿越热吃食越踊跃，有的鱼儿一热就向冷水区游去……为了能钓到更多不同品种的鱼，我们可以采用以下几种方式。

一、掠食性鱼拖拽钓

掠食性鱼以活鱼、活虾等水生动物为食，身体细长，游速快，吃食凶猛，多在水域的中上层活动，如鲨鱼、金枪鱼、鲯鳅、马鲛鱼、鲣鱼等生活在海洋中的鱼类，而生活在淡水中的翘嘴红鲌、鳡鱼、狗鱼、虎嘉鱼、哲罗鱼、蒙古红鲌、哲罗鲑也属于掠食性鱼。在国际海洋钓取掠食性鱼以船钓为主，饵以活鱼穿背或用 3 只钩穿鱼的背部、背中部、尾部，随行船拖拽钓。假饵模拟钩出现后，很多钓鱼人就改用这种钩饵拖钓，行船速度比鱼的游速略慢，诱鱼上钩。这种钓法很快受到很多钓鱼人的喜爱，可钓取大金枪鱼，成为一项体育运动项目。在淡水水表拖拽钓鳡鱼、鲌鱼等肉食性鱼，过去钓鱼人多是采用土制轮竿，现用抛竿，多以活物为饵，例如鲫鱼、鲤鱼、鲴鱼、餐鱼、青蛙、鼠等。不同于海上船钓拖拽钓，淡水拖拽钓是拖拖停停，诱鱼上钩。采用这种钓法，可以钓到鲢鱼、哲罗鱼、虎嘉鱼、鲌鱼、狗鱼等。实施水表拖拽钓，主要钓取中上层的大型海、淡水肉食性鱼。

有些生活于海、淡水底层和中下层的鱼类也喜欢捕食活物，如鳜鱼，鳜鱼一般生活在水底石洞、树洞、砾石隙中，当发现有猎物从眼前经过时，会突然冲出，一口吞之，有时也会游到水底及中层寻找活鱼、活虾等。钓鱼人以活泥鳅为饵抛钩入水底钓，在收线时拖动泥鳅，鳜鱼会跃起一口吞进，钓鱼人拎竿即可钓到鳜鱼。塘鳢是一类小型肉食性鱼，春末到秋初，经常在浅水中游弋，有时也会潜伏不动，静待小鱼小虾经过时，一口吞食。用小虾或红蚯蚓为饵，置于塘鳢的头前，塘鳢只注视，并不吃钩；但当提起钩时，它就会一跃而起，即可将其钓上来。海洋底层某些肉食性鱼也可以通过这一方法钓取。某年 4~9 月，一位在澳大利亚布里斯班居住的钓鱼爱好者经常到努沙海滨去垂钓。有好几次，这位钓鱼者将钩饵抛出去，静等鱼上钩，然而等很久都不见鱼咬钩，便将钩饵提起，在拖拽时，突然感觉渔竿变得很重，就加快绕线，一条鲬鱼就这样上钩了。这位钓鱼爱好者用这种方法还钓了不少比目鱼，有时还能钓到石斑鱼。由此可见，对付掠食性鱼，不管它生活在水表还是水底，是大鱼还是小鱼，采用拖拽钓的钓法都是很有效果的。

二、大海鱼群追踪钓

受到索饵、生殖和环境影响，除了少数鱼类，大多数鱼，尤其是中小型鱼，多是喜欢集体生活。广阔无垠的海洋中，鱼群体生活更是普遍，黄姑鱼、沙丁鱼、叫姑鱼、黄鲫、龙头鱼、绿鳍马面鲀、黄鳍鲷、鲱鱼及乌贼、鲻鱼多是这样的习性。要钓到这些鱼，就需要寻找、追踪鱼群，撒诱饵吸引住鱼群，这样就增加了钓到鱼的概率。

但是如何寻找鱼群呢？这就需要有丰富的经验来判断出鱼群在哪里、鱼群何时出现、鱼群向哪个方向游动，从而采取正确的垂钓措施。另外，也可以多向经常在海上捕鱼作业的老渔民请教，请他们给以指导，才能钓到鱼。

船钓是大海鱼群追踪钓的最好方式，如钓叫姑鱼，渔民会趴在行驶的船板上听听，根据听到的声音来判断叫姑鱼群的游向、位置、规模，如果是经验丰富的人，还能判断出鱼群行进的速度、饥饿的程度、鱼群所处的深度。这是因为叫姑鱼在游动时会发出“姑姑”的叫声，鱼儿越多叫声越响。只是一般人听不出来，即使听到声音也很难辨别，只有长期在海上从事捕鱼作业的人，才会有这样的经验和知识。这时按渔民指引的方向驶向鱼群，钓到叫姑鱼的概率就会大大增加了。岸钓鱼群比船钓的效果要差得多，对于近岸索饵的鱼群，要留住鱼群还需要想些办法，才能多钓鱼。例如夏季夜钓乌贼，在海滨码头，只有寥寥几只，这就需要进行打窝处理，将臭鱼烂虾等沿码头投下，很快乌贼就会聚集过来。但是一会儿，乌贼就渐渐游向别的地方，这时就要补窝，将几斤（1 斤 = 500 克）诱饵撒下去，乌贼又会很快聚集。一位钓鱼爱好者曾在澳大利亚用毛钩专钓青鳞鱼，当他赶到海边码头时，潮水已经涨得很高，没钓几条鱼就潮满了，水流不动，青鳞鱼也游向了远处。他的一位同伴说，一会儿就要退潮了，你快点向下游海边赶，也许还能钓上一些。于是他赶紧与同伴向下游走了10多分钟，到了另一个停船码头。此时，开始退潮了，他们用抛钩提钓法，抢钩的青鳞鱼果然不少，很快就又收获了20多条青鳞鱼。然后他们拎着渔竿朝着下游的一座大码头走去，这里的水深流缓，抛钩再钓，又有很多青鳞鱼踊跃抢钩。半个小时后，潮水已经退到二三分了，海边码头下已看清沙滩，青鳞鱼群也随着潮水退到大海中了。而他们收获颇丰，钓到了2千克左右的青鳞鱼，开心地打道回府了。

三、草食性鱼悬浮钓

悬浮钓是春末至初秋时陆地淡水钓常用的技法。悬浮钓多在鱼池进行，比如钓草鱼、鳊鱼，有的在粗养水域、河道、湖泊、水库进行。草鱼多以草为食，武昌鱼、三角鲂成鱼、长春鳊（又名北京鳊、草鳊）也以草为食。鱼池中多是混养的，有些水库、湖泊、河道也会放养一些草鱼和鳊鱼，不用刻意喂食，任由它们吃草，十分好钓。

草鱼都喜欢吃什么样的草呢？平时，它们吃的是生长在水中的苦草、水生蕨类、菹草、水生种子、浮萍等，从春末到秋初，钓鱼者可以采用嫩芦苇心、苤菜、浮萍、菱花、莲子当鱼饵；也可以采用陆生植物为鱼饵，因为陆生植物的品种更易得，如禾本科的稻草、稗草、狗尾草、芒草、狼尾草等，鱼池边也会有很多植物生长，如苏丹草、苦荬菜、宿根黑麦草，十字花科植物、豆科植物等，也可以用青菜、包菜、白菜的嫩叶、油菜、韭菜等蔬菜作为鱼饵。可以说，只要是草鱼爱吃的，无论是池边、湖边的野草、野菜，还是田地里种植的蔬菜，皆可作为钓草鱼的诱饵。

浮钓除在精养鱼池需在上风头或喂食口设钓点，在水库、湖泊等处钓时也需选好钓点，打窝食。钓点应选择水草茂盛的上风头，

这样方便钩饵越漂越远。打窝食需要在岸边拔些碎草顺风抛下，并且要不断地抛，最好能在钓点的水上形成一条碎草带，用来吸引喜欢吃草的草鱼、鳊鱼等鱼类前来吃草。也有人会选择狗尾草、狼尾草或苏丹草抛入离岸 10 多米远的水中。这些草的根多有泥，慢慢下沉，草叶竖在水体中层，有的草还露尖在水面，抛钩饵于草株的外围水表，也会引鱼前来吃食。

悬浮钓的草饵有的会浮在水面上，有的则会半浮半沉，有的则会沉到水下 20~40 厘米的地方。在离钩饵 40~50 厘米的线上拴一只大浮标，当鱼咬钩时，要等到浮标沉入水中 5~6 秒后再提竿。浮钓时，遇到 2.5 千克以上的草鱼上钩，鱼的挣扎力强，会四处乱窜，这时钓鱼人要冷静，要紧紧握着钓竿，不要急着内拽，而是凭借竿的弹力和抛竿放线器的曳力器与之搏斗，鱼会因为大力挣扎而渐渐疲累，这时再缓缓收线内拽，待其力尽后用抄网捞取。因为鱼的挣扎力大，所选用的渔竿必须要结实，线要粗，钩子要大。钓上一条鱼后，其他鱼儿就会惊慌而逃，这时钓鱼者就需要耐心等待，不断撒些碎草引诱，很快鱼还会来食。

四、杂食性鱼变化钓

海、淡水中的杂食性鱼种类多，数量也多，它们既吃植物性的食物，也吃动物性的饵料，如生活在海洋中的大黄鱼、小黄鱼、鲻鱼、蝴蝶鱼等；生活在淡水中的鲮鱼、鲤鱼、餐鱼、鳑鲏、鲫鱼、麦穗鱼等，它们吃钩慢，警惕性强，总是碰触一下饵料就赶紧逃走，反复试探几次才咬钩，对饵料较挑剔。所以，对待杂食性鱼，要先摸清它们的食性变化，择饵钓之。

杂食性鱼有着较强的适应能力，分布广泛。在我国，除了极少数雪原地带和盐碱性太强的水域，江河湖泊、小塘沟渠，很多水域都有杂食性鱼的踪迹。杂食性鱼具有较强的繁殖力，产卵数量多。因为数量多，因此很多水域都可以钓到；但是杂食性鱼吃钩滑，经常会变化口味，有时吃素，有时吃荤，有时择优而食，有时又只吃些糟食，比如内蒙古一带的鲫鱼不吃蚯蚓、米蛀虫等，却对臭臭的羊屎蛋情有独钟。杂食性鱼还有这样的特点：水瘦的水域它们喜荤食，水肥的水域它们喜素食；夏天喜素的比较多，冬天喜荤的相对多一些。在食物缺乏的水域，杂食性鱼荤素都吃；在吃饱了的情况下，择精而食。在不同地区进行垂钓时，尽量使用当地的饵；如果是在鱼池钓，就用渔民们常用的饵料。总而言之，钓杂食性鱼，需要根据其口味的变化选用不同的饵料。

我国水域分布最广的杂食性鱼是鲫鱼，并且很多钓鱼人也喜欢钓鲫鱼，大部分初学钓鱼者也是从钓鲫鱼开始。鲫鱼吃钩吞吞吐吐，难以钓获，没有耐心的人很容易急躁。台湾钓法传入大陆，这一难题基本解决了。台钓饵是粉末素饵，饵料中含有鲫鱼最喜食的粮食种子，喜食酸饵的，加发酵过的糟料；喜食香甜饵的，加香甜料；喜食荤饵的，加虾粉或鱼粉、蚯蚓粉、蚕蛹粉；饱而不想食的，加促饿剂……可以说，台钓饵品种繁多，达到上百种之多，用台钓法在鱼池内 1 小时钓 100 多条并不是难事，还有人甚至 1 小时钓上 400 多条。这种钓法传到大陆后，很快就掀起了台钓热，这在一定程度上解决了杂食性鱼难钓的问题。此外，台钓的钓组配伍、浮标的灵敏、坠悬于水的方法也是钓取难钓的杂食性鱼的利器。

钓取杂食性鱼一般都是采用静水底钓，台钓法亦然。然而，杂食性鱼的吃食地点和所处环境随时都在变化。钓鲫鱼、鲤鱼比较好的方法是静水底钓法，但是随着天气、水情变化，它们也会游到水表及水的中层吃食，甚至在流水中抢食。因此，在静水底钓时如果鱼不上钩，就需要将天气、饵料及鱼游在哪个水层等因素进行综合考虑，如天气过热，底层氧气微薄，鱼儿就会游到水的中层甚至表层，这就需要采用钓中层或浮钓的方法。钓鲫鱼专项赛是比每场尾数多少的，从水底钓上来一条鱼要比从水的中层、水的表层慢一些。一些参赛的钓鱼者就会用浮钓饵边撒边钓，使饵散布在水的中层和表层，将水底或者别处的鲫鱼引到水的中层或上层吃钩，这就提高了获钓的速度，取得较好名次。在流动的水中，杂食性鱼也会进食，鲫鱼常从下游水域游至上游流水口处觅食，一般来说，流水缺口处下方是好钓点。流水较缓慢的溪河也生存着很多鲫鱼、餐鱼、鲴鱼、鲤鱼等杂食性鱼，选择这样的水域施钓，所用的饵料应以荤饵为主，因为素饵容易被流水冲走。溪河水多为清澈的瘦水，这种水域的杂食性鱼喜食荤饵。

五、洄游性鱼定时钓

洄游性鱼定期、定向成群迁游，这一类鱼多以生活在海洋中的鱼居多。按照鱼的生理需求，可将洄游性鱼分为生殖（产卵）洄游、索饵（肥育）洄游和越冬洄游等。因为有着不同的生理需求，很多鱼会从海水游至淡水，再洄游至海水，例如大马哈鱼、鲟鱼、鳇鱼、刀鲚、香鱼、鲥鱼、松江鲈鱼等；也有些鱼只随季节变化洄游，不入淡水，例如金枪鱼、大黄鱼、小黄鱼、带鱼、鲐鱼、鲅鱼等。因此，钓取洄游性鱼，首先需要明白鱼群会在哪里出现。例如带鱼，鱼群只在每年立春以后方才洄游到我国黄海、东海水域。这个时节乘船垂钓，一旦找到鱼群，就会收获颇丰；在其他季节里，带鱼在太平洋的其他水域，钓取比较困难。再如大马哈鱼，只有10多天的捕捞和垂钓期，在春末繁殖期的10多天内，大马哈鱼从外海进入我国的图们江、黑龙江水域，因此这10多天也是捕捞和垂钓的最佳时期，错过这段时间，再想捕获就比较困难了。其他洄游性鱼亦然。

第六节 选择钓点

一、在有鱼食处寻鱼踪

鲫鱼属于杂食性鱼类，残花败叶、浮游生物、昆虫草屑等，都是鲫鱼喜欢吃的食物，有这些食物的地方，通常也是鲫鱼喜欢停留的地方。另外，水底有水草和其他水生植物及有乱石和杂物堆砌的场所也是鲫鱼喜欢栖息之处。鲫鱼也会经常栖息在池塘进水口的附近、桥墩的后面、河塘边有回流的地方。

二、在适温处寻鱼踪

鱼类既怕热又怕冷，鲫鱼也是如此。虽然鲫鱼适应水温变化的能力比较强，但鲫鱼仍然会本能地避开过冷过热的水，而选择其感到最舒适的水温区域。在炎热的天气，钓点应选在阴凉处和通风较好的及水深的水域。在较为寒冷的季节里，钓点应选在阳光照射比较强且背风的浅水区，比如背风的桥头和岸边等。春季进行垂钓，

宜选择水浅些的水域，选择在大岩石的旁边或者离岸比较近、有水草的地方作为钓点；在夏季的早晚垂钓，应将钓点选在离岸近些的浅水水域，中午的时候，就选择没有阳光直接照射的区域；在秋季的晴天，也应在水域较深处落钩；冬天天气较为寒冷，要选择深水潭边以及有阳光照射处进行垂钓。另外，阴雨连绵天，应选择有水草的岸边作为钓点。

三、在溶氧量充足的水域寻鱼踪

鱼在溶氧量充足的水中会感到很舒适，活动量大，食欲旺盛，咬钩的机会也会比较大。流动的水域里溶氧量较高，因此鱼儿喜欢汇集在流动的水域处活动，适宜作为钓点。有些池塘，其周边有少量的水流入池塘内，这个入水口也会形成微量的回流，也是较好的钓点。春、秋季温度适宜，有微风吹来的岸边水域中溶氧量比较充足，适宜作为钓点，如果水中生长一些水草，就更是理想的钓点。

选择池塘作为钓点，应选择池塘的边角处；选择江河作为钓点，应选择江河的分流处和有桥墩、木排、木桩处，如果有水草或芦苇生长的地方，选择其附近区域作为钓点，都是比较良好的选择。

第七节 选择钓位

钓位的选择所涉及的面广，而且相互制约。影响钓位最主要的因素有两个：一是摄食环境，二是饵料分布。从理论上讲，选择鱼（垂钓对象）认为环境舒适安全、饵料丰富的地方作为钓点最理想。换句话说，摄食环境、饵料分布等都是对鱼类产生影响的因素，因此在选择钓位时就需要考虑这些因素。钓位的选择实际上是对季节、天气、水质状况、水体类型、水体形态特点、一天内不同的时段等因素对饵料来源、摄食环境造成的影响的综合分析结果。

在长期垂钓的经验基础上才能更准确地选择钓位。初学者可借助钓谚来选择钓位。钓谚是长期钓鱼实践的经验总结，操作性较强。下面几条钓谚，可供钓鱼者参考。

春钓滩，夏钓潭

春钓桃花水，夏钓大深潭，秋钓阴凉处，冬钓背风向阳钻冰眼

夕阳西下，钓鱼最佳

上午钓西，下午钓东

一日三迁，早晚钓边

早钓近，午钓远

雨天鱼靠边，且莫甩长线

涨水钓河口，落水钓深潭

宁钓下风，不钓平静

选铧尖，钓半岛，陡坡下面钓鱼好

方钓角，长钓腰，不方不正把洄游找

水库钓沟汊，浮钓要靠坝

钓鱼不钓草，等于瞎胡跑

桥墩旁，是渔场

需要钓鱼者注意的是，钓谚虽然讲明了如何做，却没有告诉大家为何这样做。因此，如果想要提高自己的钓技，就要将钓谚读懂读透，这样才能够理解其中关于摄食环境、饵料分布的道理。根据钓谚选择钓位，要注意遵循天气、季节、水体类型、水质状况、水体形态特点、一天内不同的时间段的特点，数条并用，才能更好地选择钓位。因为钓位选择是综合分析的结果，一条钓谚往往只针对某一因素，不能综合概括。如果只认准一条钓谚，难免断章取义，选择钓位就很难保证准确性。例如“上午钓西，下午钓东”说的是需要在阳面垂钓，意思是要选择有阳光照射的地方作为垂钓点，一般来说是对的。但是，如果在炎热的夏季，这条钓谚就不是很准确了。因为“夏钓潭”，夏天要钓深水，夏天浅水区的温度太高，不适合鱼的生存。因此，夏天多是选择阴凉处钓，即把水温适宜鱼类活动的地方作为钓点。

一、小型水体的典型好钓位

小型水体的典型好钓位主要有老钓点、饵料台附近、进水口附近等，同时也需考虑水体的形态。

（一）“方钓角，长钓腰”

在不同形状水体中，鱼群的活动规律是有所不同的，在选择钓位时要注意考虑水体的形态。对于中小型的精养水体，有“方钓角，长钓腰”的钓谚，若垂钓的水体呈正方形，可在方角处垂钓；若呈长方形，宜在鱼池长边的中部垂钓。

（二）饵料丰富处——饵料台附近

如果水体中的某处常有饵料来源，那么这个地方的附近就是一个不错的钓位。精养鱼塘的饵料台是用来投喂饵料的，由于饲养人长时间地在这个地方投放饵料，池中的鱼慢慢就会习惯到饵料台附近摄食，附近也经常会有大量的鱼类聚集，因而饵料台附近常常是精养鱼塘的好钓位。

（三）老钓点

老钓点通常是好钓位。所谓老钓点，就是某一水体的某一处经常有人垂钓的钓点。老钓点通常是高手们精挑细选出的钓点，是高手们综合分析的结果，是垂钓实践总结的结果，也是“长期培育的钓点”。由于不断有人在同一点位垂钓，在某种意义上讲就是不断地在同一点投喂，久而久之鱼已习惯到此处觅食，从而形成了好的钓点。

（四）溶氧充足处——进水口

水体的进水口附近也是好钓位。这是因为进水口的水不断流动，使得水中的溶氧量增加，进水口处的溶氧量要比水体中别处的溶氧量大。如果垂钓时水体中的溶氧状况不佳，进水口附近的优势就显现出来了。此外，鱼有抢上水的习性，水的流动可吸引鱼到进水口附近。

二、大中型水体的好钓位

大中型水体的钓位选择比小型水体的钓位选择困难得多。这是因为大中型水体中鱼的密度较低，水体中的饵料也会随各种不定性因素发生改变，鱼群往往随着饵料分布的变化而不断迁移。所以，选择在大中型水体中垂钓，首先要了解鱼群随饵料分布的迁移规律，但是了解并掌握这一规律是比较复杂的一个过程，需要多年的经验积累。

经常会有老钓友们说某某湖汊发窝了，赶紧去钓啊，果然很多人满载而归。这是因为鱼群迁移到了这个湖汊，使得这个湖汊有大量的鱼聚集，垂钓就会容易得多。如果过段时间再去此地进行垂钓，垂钓效果并不好。这是因为鱼群迁离了该湖汊，该湖汊的鱼量大大减少。也就是说，大中型水体的好钓位不是固定不变的，而是随着鱼群的游动而改变。因此，在大中型水体中垂钓，主要就是追着鱼群钓，尤其是要把握住鱼群所在的大体水域（湖汊、库湾等），然后选择符合鱼类摄食规律的鱼群所在区域，从中找准钓点。

第八节 四季用饵攻略

在我国，大部分地区都是四季分明的，黄河流域、淮河流域和长江流域等地区，春、夏、秋、冬更为明显。在不同的季节里，气温、水温、风力、风向、阳光照射时间也不相同，这些因素对鱼的活动量、栖息地、食欲和对食物的选择都具有一定的影响。因此，在不同的季节里进行钓鱼活动，要选用不同的诱饵。

一、春季用饵方法

民间有云："惊蛰鱼开口。"意思是过了惊蛰时节，很多鱼就开始了觅食活动，这时正是农历二月初，公历 3 月初，可以进行垂钓活动了。

春钓使用饵料时，需要选择好钓点。"春钓浅"，春天阳光照射不是很强烈，浅水区的水温回升得会快些，并且生长在浅水中的绿叶植物相对于深水区来说也茂盛一些，因为有青草的生长，小虫也会多一些，因此也成了鱼儿的好食料。很多鱼儿排精产卵也依靠水草、树枝的帮助。浅水区的溶氧量要比深水区的溶氧量丰富得多。因此，应选择在浅水区投放诱饵。

到了仲春以后，阳光照射强度增加，气温开始回升，中午的温度可高达 20℃以上。这个时段应选择在深水区钓鱼，所投饵料也应该投向离岸稍远的深水区了。到了下午 4 时以后，气温开始下降，鱼儿便会游向浅水区，这时诱饵就应投在浅水区，这就是钓鱼者口中常说的"一日三迁"。

鱼儿经过一冬的忍耐，到了春天就显得活跃很多，比较贪食。雌鱼在产卵期，需要有大量的营养物质来满足其生理需要，因此食欲格外旺盛，这时候钓鱼，就要选择以荤饵为主的食料，例如红蚯蚓、蛆芽、红虫、面包虫等小动物，也就是多用动物类的饵料，采用这些小动物做钓饵，会使钓鱼的效果非常好。这时候选择的诱饵的气味应浓一些，香味饵、甜味饵都是鱼喜欢的饵料，可在制作饵料时适当多加一些香味、甜味添加剂。

二、夏季用饵方法

夏季，中午的温度较高，可高达35℃以上，而多数鱼适宜在15~25℃的水温下生活。鱼儿在高温中的活动量减少，食欲也差，常常会潜入深水区，躲在没有阳光照射的水域或水底栖息。因此，夏季钓鱼时应选择每天的早晨、傍晚。“夏钓潭”，诱饵应投在深水区、无阳光直射的庇荫水域；如果是在下雨天、气温下降或有3级以上风时，可以进行钓浅，因为浅水区有水草，能够为鱼类提供丰富的食物，同时草丛也有遮阳的作用，成为凉爽水域，在有水草的水域进行施钓是个不错的选择。

饵料的使用：因为夏季阳光照射强度大，气温高，导致水温也随着增高，鱼的食欲减退，这就要求钓鱼人精心选择饵料。从气味上讲，要选择气味清淡一些的饵料。无论是诱饵还是钓饵，应以素饵为主，少用或者不用荤饵（钓肉食性鱼除外），可选用面团饵，也可用草叶、花瓣、玉米粒、麦穗等做钓饵，蚂蚱、草虫也可以当钓饵，如果有条件，可选用新鲜的嫩小麦粒撒到水中当诱饵，这样钓草鱼、鲤鱼会有很好的效果。

草鱼耐热性比较强，即使在中午有时也能够钓上来，饵料也以素饵为主，选择绿色的水草当诱饵效果更好。

夏季因气温高，钓友们尽量少在中午进行垂钓，尤其身体素质比较差的朋友，尤其要注意“忌钓三伏”。

三、秋季用饵方法

秋季，气温有所下降，这也是个丰收的季节，这个季节也是一年中钓鱼的第二个好季节。鱼儿又开始活跃，大量进食以补充营养，贮存脂肪，抵御寒冬。

早秋，气温仍然比较高，钓位的选择和饵料的使用与夏季相似。晚秋，气温降低，有些寒意，钓位应选在向阳、温暖的浅水区。草丛边、大树下仍然是最佳垂钓位置。

早秋钓鱼，可以以素饵为主。这时的红薯已经到了收获的季节，将红薯蒸熟，捣成红薯泥，添加面粉、麸皮和少量的糖，是钓青鱼、鲤鱼的最佳饵料，尤其是钓青鱼，收获会比较大。在秋季采用炸弹钩钓鲫鱼，收获也会很大，所用饵料的制作方法是：出钓前一天晚上，准备一个干净的盆，放入 500 克麦麸，80 克面粉，200 克饼粉，50 克小米，加水拌匀、捏揉，再加入一些蒜末、蒜汁，倒入两盅药酒拌匀，然后装入塑料袋，扎口，第二天使用。使用时，可再准备一小袋湿小米。用饵料将炸弹钩包住后，再用饵团沾些小米就可以投钩了。粘在饵团外面的小米入水后会脱落一些，成为诱饵。

仲秋，生长在水中的植物纤维化，鱼儿很难咬动。但是秋季昆虫比较多，螳螂、蚂蚱、青虫等，很容易从树上、草丛中捕捉到，将昆虫制成钓饵，可以钓上草鱼，当然，也许会有意外收获。

到了晚秋，天气渐冷，气温降低，这时要以荤饵为主，若是在肥水塘钓鱼，可以以素饵为主。

四、冬季用饵方法

很少有人选择在冬季钓鱼，因为冬季是钓鱼的淡季。近些年，随着社会的发展，全球温度变暖，除在三九天较寒冷，冬天温度要比过去高多了，选择在冬季钓鱼的人也多了。在无风、阳光充足的天气里进行垂钓，也会有收获。

“冬钓阳”，意思是选择光照时间长、背风的水域设钓点，投诱饵。

冬季钓鱼，可在诱饵中添加一些香味料或是甜味料等添加剂。

冬季钓鱼，应以荤饵为主。首选红虫、蚯蚓、蛆芽等作为钓饵。为了增强诱鱼效果，可加大诱饵的投放量。诱饵投出后，应耐心等待，除非池中鱼的密度很高，否则很难在短时间内等到鱼咬钩，有时可能要等 1 个多小时才有鱼来咬钩，并且每隔半个小时到 1 个小时，就应补充诱饵。

第九节 春钓浅的技巧

春钓浅滩是大自然季节轮回带来的客观条件所决定的。要想在春钓中有收获，需要掌握春钓的技巧和方法。

一、宜钓晴暖不宜钓阴冷

春天，水温渐渐回升。通过分析南方大部地区的气温情况知，其气温变化大抵如下：2 月气温一般在 10~18℃；3 月气温保持在 12~25℃；晚春 4 月气温保持在 15~30℃。由于有了适宜的气温、水温，鱼儿变得越来越活跃，越来越有利于垂钓。中国北方地区比南方寒冷，上述温度的变化几乎要比南方晚一个节令乃至 1 个月。

鱼对容易升温的浅滩有向往性，因此气温、水温升高，鱼儿会游向水温升高的浅滩。一般情况下，早春气温不稳定，容易受到冷空气的影响，最好选择冷空气到来前两三天或冷空气过后两三天的晴或转暖天气出钓，这样在几十厘米至 1 米多深的大片浅滩水域，经过一天多的时间，各个水层的温度都会有不同程度的提高。例如，当天天气晴朗，到了中午至傍晚，浅水区的温度有可能升高好几度，这对趋温性强的鲫、鲤一类的鱼来说有较大影响，它们会适时地从低温水层游向温度较高的水层，使鱼情变得好起来，如果一连几天都是晴天，更促使浅水区成为鱼活动的聚集场，这就将春钓浅推向了高潮。因此，很多钓友都喜欢在早春、仲春和晚春 4 月到湖库中上游一带钓鱼，但凡遇到晴朗日子，都能钓到很多鱼，即使钓鱼者的钓技并不是很好，也会有所收获，善钓者钓到百十尾都是很正常的事。

相反，阴冷天不宜出门垂钓，这也和温度有关。早春的阴冷天气，降温幅度较大，这种降温幅度对浅水区水温影响很大，鱼会游向相对深的水区避寒。在水深超过 2 米以上的区域，低温的穿透力是较弱和缓慢的，一般需要两三天的时间，水温才会降到深水区，因此我们往往能在寒冷天气在深水区钓到鱼。到了三四月份，除了倒春寒时期有两三天的寒冷，多数是晴朗温暖的天气，因此出钓的机会也增加了。古诗“斜风细雨不须归”恰好表明了这一时期温度适宜，“斜风细雨”符合鱼的活动习性，使得春钓也变得明快起来。

二、宜钓风天不宜钓平静

春天刮风的日子比较多，多刮东风或东南风，风力的大小与晴朗度有着很大的关系，越是天空万里无云，风力越显得强。一般来说，地势平缓的湖库，三四级、四五级的风浪时有发生，有时会从上午吹到傍晚，经常会将大片水搅浑。即便是春雨连绵的日子，也会有一二级风轻拂水面，营造出水面涟漪，溶氧量也会增加，还适合垂钓。

“春钓迎风鲫”，这是很多钓鱼者都知道的常识。鲫鱼有逆流性，喜欢在暖和的浅滩中畅游，再加上鲫鱼春季寻暖床繁殖的必然性，使得春钓变得明快起来。因此，有垂钓经验的垂钓者都会把岸边迎

风的区域作为钓点。

风不仅会使水体溶氧量增加，让鱼变得活跃，而且水体在风的作用下，使水面的高温逐步传递至中下层，使整个水体变成暖水区，成为鱼绝佳的活动区域。在风的吹动下，水大量冲向岸边，将陆岸天然饵料带入水中，这就使得大多数鱼有了食物来源。在宽阔的湖库，由于风的推动作用，会把散发在水体表面的饵食一起汇集到下风口，亦成为鱼类追逐至此的原因之一。

春天有风鱼活跃，相反，如果风平浪静，或者风力较小的天气，水面便缺少生机与活力，越是接近正午，水体溶氧量越低。在这种条件下出钓，垂钓的效果很差。当然，风平浪静的情况下并非肯定钓不到鱼，根据经验，可用涉水或岸边长竿短线钓草窝的办法，饵用细蚯蚓，略向窝点处投少许大米，也会有鱼咬钩。

三、宜钓光水不宜钓片草

“光水”指没有水草杂物的较宽水面；“片草”指较大面积的杂草区，此处所说的杂草指水花生、菱棵、藕荷、金鱼草、茭白等易生成大片覆盖体的植物，这些杂草大量生长的地方都不是春钓的好去处。

春钓光水要比钓片草有更多优势。第一，晴朗的天气下的光水被风浪推涌，水中溶氧量高，水温升高，易聚食物，形成鱼类喜欢的场所；第二，迎风垂钓时适合甩大鞭，省去投不准或者挂钩的一些麻烦；第三，光水极易聚鱼，由于它处于四通八达之区，窝前方与深水区相连，深水区是鱼群来源之所，窝两侧是相似水情，适合鱼群穿梭游动，当投下诱饵后，引来鱼群的可能性较大，而且在边钓边诱中更会使入窝的鱼增多，一窝钓到几十条鲫鱼的情况是屡见不鲜的；第四，便于遛鱼，光水无任何拦绊，鱼咬钩后，可以任其四窜或者将其快速拉离窝区；第五，窝子可做得宽泛，钩饵落点不拘一处，扩大了钓手主动在较阔水区投竿寻鱼的机会，这也是春钓浅滩上鱼多的一个有效战术。

大面积生长水草的区域不宜钓鱼，这是因为：容易挂钩，钓鱼人最怕鱼钩勾住杂草，很难拉上来，春天风大，即使钓点有小洞小缝小凹之类的空隙，也很难准确把钩饵下到里面去，这种情况影响上鱼效果；易损坏钓具，水中杂草最难缠的是荷、菱、水花生等植物的秆茎，一旦被挂，很难“完璧归赵”，主要表现在挂底或挂面以及中鱼裹草后，钓手在采取“怀柔政策”无效后，往往会用大力猛劲或扯或扬竿具，易导致或线断或钩直乃至竿折等得不偿失的结果；密草区不易聚集较大鱼群，该环境活动空间狭窄，影响鱼觅食的视觉、嗅觉及发现食物后的进攻速度（准确性）等，加之有悖于鲫鱼等鱼类喜游好动的习性，因此钓上来的多是零星散鱼，钓果难丰；心态问题，茂盛的杂草区不仅上层草密，下层也是密织交错，会给钓手一种“鱼是否钻得进来”“是否找得着食吃”的心理暗示，随之再发生不断挂钩、中鱼窜草脱钩等情况，影响心情。

水位的深浅也不是固定的，在实钓水域，应以包括试钓在内的多种方法判断水域的深浅，从而合理选择钓点。

第二章
钓鱼用具的挑选

第一节 渔竿的挑选

一、渔竿的类型

钓鱼离不开渔竿，渔竿是钓鱼的重要工具。常用的渔竿有手竿、海竿。现在很少有人再使用自制的竹渔竿了，多数钓友会选择从商店购买玻璃纤维竿、碳纤维竿和包碳竿。

（一）玻璃纤维竿

玻璃纤维竿是由玻璃纤维等化工原料制成的钓具。玻璃纤维竿重量比较轻，不怕水、耐腐蚀、不易断裂变形。使用这种竿的钓鱼者往往喜欢抽拉式空心玻璃纤维竿，其特点是韧性好、坚固，长度多在 10 米以内。

（二）碳纤维竿

碳纤维竿也称碳素竿，是 20 世纪 90 年代我国生产的一种新型渔竿。碳纤维竿的主要特点是轻便。同样长度的碳纤维竿比玻璃纤维竿几乎轻一半，一支 5 米多长碳纤维竿的重量仅 300 克左右，竿体也比玻璃纤维竿细得多。近几年，碳纤维竿使用已十分普及，其优良的使用性能得到了大多数垂钓者的认可。

碳纤维竿所用的是高科技材料——碳纤维，这种材料的特点是强度高、耐热、质轻、耐腐蚀，不足之处是导热、导电且质地较脆，韧性不及玻璃纤维竿，钓鱼时如遇到雷雨天气，使用此竿易发生雷击事故，若触及了高压电线，会发生触电事故。为防止在使用碳纤维竿的过程中发生意外，钓友可到渔具店买一个防电把套，套到竿末端的握竿部分，一定要将竿把的把头部分全部包住，套进去后再将套外面用酒精灯烘烤加热，使橡胶套与竿把牢固地黏结在一起。

（三）包碳竿

包碳竿是以玻璃纤维为主要原料，在玻璃纤维布外面加了一层碳纤维布，经树脂预浸制作的渔竿。这种渔竿比玻璃纤维制作的渔竿轻便，韧性和强度比纯碳纤维竿高。

二、挑选渔竿的要点

（一）看外表

渔竿的竿体上印的文字、商标，看看是否清晰，图画是否模糊不清。若字迹粗糙，图案模糊，边界线不清晰，多是劣质产品。渔竿有“ISO-9000”字样的，才是正规厂家生产的，这是国际标准化组织发布的评价企业的质量保证能力的系列标准代号的一种。国内有部分渔具生产厂家已经通过了这项质量认证，带有这种标志的渔竿可以放心购买。

打开渔竿末端的漏水盖，查看每节的两头有无气泡、颗粒等物质造成的空隙，纤维条纹是否粗而凌乱，每节的厚度是否均匀，接头的一端是否硬实，有无裂纹，厚薄是否均匀。

（二）比重量

碳纤维竿的重量要比同样长度的玻璃纤维竿轻一些，约是玻璃纤维竿重量的1/2或3/4。无论买哪种竿，都可以用另一种作为参照物。如一支高质量的长度为3.6米的玻璃纤维竿的重量为400克左右，同样长度的碳纤维竿的重量仅为200克左右。

（三）听声音

用硬的东西轻轻敲打竿体，发出的声音若清脆就是质量好的竿，声音沉闷的就是质量不好的竿。

把每节竿抽出，一节节地竖着轻轻落地，听其磕碰地面的声音，应是清脆的。

再用手指轻轻弹动竿的两个接头，听其声音是否清脆，是否有破裂、发闷的声音。

（四）试调性

渔竿的调性是指渔竿竿体的软硬程度。一般调性的划分是将钓竿全长分为10等段，水平持竿，竿体自然弯曲形成的弧度与竿体直线部分相交点的位置，为判定调性的依据。根据竿子的调性，人们将渔竿分为“二八竿”“三七竿”“四六竿”等。如竿弯曲的部分与直的部分相交点在竿梢的前二段，为硬调性竿，称为“二八竿”；在前三段为中调性竿，称“三七竿”；在前四段为软调性竿，称“四六竿”。不同调性的钓竿有其不同的特性和各自的长处与不足。

钓友们聚在一起，常常会讨论买硬调性钓竿好还是买软调性钓竿好。硬调竿的韧性不如软调性竿的韧性好，硬调竿适合于钓中小型鱼，由于竿梢硬度较强，钓者在扬竿时鱼钩刺进鱼唇快，尤其是在竞技钓鱼时，讲求中鱼的速度快捷，硬调竿正可发挥其特长。软调性竿耐拉力大，不易折断，适合在钓到大鱼时遛鱼使用，控制鱼在水中的窜游比较方便，放线收线游刃有余；但是硬钓竿多为碳纤维材料制作，质地比较脆，容易折断；有些钓者选用软硬适中的中硬调钓竿。从钓鱼者选用的竿子来看，用硬调竿的人较为普遍。

（五）买名牌

钓鱼杂志上经常介绍名牌产品，可以作为买渔竿的依据。买渔具应有名牌意识，名牌产品的质量及售后服务均好于普通产品，价钱虽然高一点，但可以买到称心如意的渔竿。不能买做工粗糙的“三无”产品。

（六）选竿长

购买长竿还是短竿？这也是很多钓友关心的问题。许多钓鱼者在钓鱼时，会准备两把或两把以上不同长度的竿子。人们通常把长度为2.7~3.6米的竿子称为短竿，把6米以上的钓竿称为长竿。但用得最多的是3.6~5.4米长度的竿。有人认为，竿子长度在4米以上为好。在野外休闲钓时，由于水面较宽，鱼在水中比较分散，靠近堤岸3米左右的水域鱼很少（春天除外），鱼通常会在离岸边5~8米远的地方，竿子太短了，钓获不理想。另外，很多水草都是靠着岸边生长，竿子太短会造成投钩不便，而选4米以上长度的钓竿，再用齐竿线，钩子可以投到6米远的水域。有一位东北的钓鱼爱好者，在向人介绍他的竿子时，说他用的是5.4米长的钓竿，再配上几把不同直径的“换把”手把，根据水域的情况随时更改竿子的长短，也就是说，通过换把可以使钓竿缩短或伸长，这是个不错的方法。

袖珍竿最短，各节竿套在一起不超过50厘米；短节竿套在一起约80厘米；长节竿套在一起1.2米左右。袖珍竿主要的特点是携带方便，但是长度不够，多是旅游时携带，休闲钓、竞技钓一般都不会使用这种竿子。短节竿的特点是节短，竿体轻，便于携带，但是节数多，两节竿的接口处竿壁较薄，容易断裂。并且由于节数过多，使得竿梢与竿把之间的粗细相差大，手感不佳，有种头重脚轻的感觉，同时由于节数多，在抽竿或是缩竿过程中，手拉的次数多，比较费时。多数人都选用长节竿，其长度设计合理，放在车上、船上都比较方便。长节竿的节数少，抽的次数自然少，竿梢与竿把的粗细差距也相对较小，如果购买的是质量好的碳素竿，其重量更是轻便，因此说，长节竿乃是用竿的首选。

第二节 鱼钩的挑选

一、鱼钩的形状

（一）歪嘴钩

歪嘴钩因其钩尖向一边折弯，故称歪嘴钩。歪嘴钩的主要特点是鱼中钩后不易脱钩，用来钓滑口鱼及无鳞的凶猛鱼比较有优势。如鲇鱼、老鳖等，歪嘴钩也多用于串钩钓。歪嘴钩型号小，由于钩尖弯向一边，挂饵要费一番工夫，取钩也比较麻烦。

（二）短柄钩

钩条较粗，钩弯部宽，没有明显的弯角。短柄钩的坚硬度、耐拉力都比长柄钩强，因为钩弯部的受力点较分散，鱼中钩后不易脱钩。此钩有多种型号，也是钓鱼人普遍使用的钩。由于钩柄短，绑钩没有长柄钩快捷，适宜于挂面团类饵。渔具店出售的伊豆、伊势尼等钩均是短柄钩。

（三）朝王钩

是江浙地区钓鱼人习惯使用的钩。钩柄末端焊了一团锡，锡把中间有小孔，供穿线用。钩铒入水后钩尖始终朝上，钩柄平行于水底。

（四）长柄钩

因其形状像衣袖，所以也叫袖形钩。其钩的弯部没有短柄钩大，钩条较细，钩尖锋锐。因钩柄较长，绑钩方便，而且也牢固。此钩适合钓小型鱼，如鲫鱼、鳊鱼、鲌鱼等。尤其是竞技钓时钓鱼者多选用无倒刺的长柄钩。因为钩柄较长，适于拉饵，长柄钩的另一个特点是适合挂蚯蚓、红虫类钓饵。又因为钩柄较长，从鱼嘴里取钩较为方便。

（五）无倒刺钩

钩上无倒刺，优点是取鱼快，又不伤鱼。台湾钓法用的是无倒刺钩。

还有一种荧光钩，又叫夜光钩，在光线暗时会发出光，这是因为在钩柄的末端上先系好渔线，再滴一团磷，磷在黑暗中会发光。鱼有趋光性，见了弱光会游过来，这就使得鱼吃钩的概率增加。

有些炸弹钩的钩柄后的脑线上有一个绿色小圆粒，会在夜间发出绿色的光，也可起到诱鱼的作用。

二、鱼钩的颜色

鱼钩的颜色通常有银白色、黑色、金黄色几种。银白色是钩的原材料的本色。黑色、金黄色均是在原色的上面镀的另一种色，用得比较多的是黑色钩。

黑色鱼钩上市时间比银白色、金黄色鱼钩要晚10年左右。据资料记载，黑色鱼钩是哈雅布萨（渔具制造商）在1995年首次推向中国市场的。

黑色鱼钩的价格要比其他颜色的鱼钩稍高，但是这种鱼钩也是很多钓鱼者的首选，这是因为黑色鱼钩承受拉力要比其他颜色的鱼钩强。为什么黑色鱼钩较其他颜色的鱼钩承受拉力的能力强呢？这是因为哈雅布萨鱼钩比同样型号的其他颜色的鱼钩的钢丝粗一个号。比如，其他颜色的8号钩的钢丝直径为0.80毫米，而哈雅布萨黑色鱼钩钢丝的直径为0.85毫米，直径多了0.05毫米。所以，这种鱼钩承受拉力的能力比同型号的其他颜色的鱼钩要强。

那么，究竟选择何种颜色的鱼钩好呢？这需要钓鱼者根据自己的喜好和习惯来选择。若是底钓，黑色钩较好，水底光线暗，而黑色的鱼钩具有较好的隐蔽性，不易被鱼发现。若是浮钓、悬钓，钓鲐鱼、钓餐鲦鱼，用金色或银白色钩为好，这是因为上层水域的水色较明亮，浅色的鱼钩要比黑色的鱼钩在上层水域的隐蔽性好，同水色近似，不易被鱼发觉。

三、鱼钩的型号

常用的鱼钩有10多个型号。小号钩通常是1~4号钩，中号钩一般是5~10号钩，大号钩是10号以上的钩。钓鱼者一般选择大钩还是小钩呢？这要看钓鱼者的个人习惯，以及所钓鱼的大小。不过，并不是说小号钩只能钓小鱼，大号钩只能钓大鱼，有时小号钩也能钓到大鱼，大号钩也能钓到小鱼。4~5号钩人们用得最多，大小鱼均可钓。有的人用3号钩也能钓到1千克以上的草鱼、鲤鱼。钓大鱼还是应该选用型号大些的钩。

四、选择鱼钩时的注意事项

（1）选正规厂家生产的鱼钩。正规厂家生产工序正规，技术高，对质量把得严，产品质量高。

（2）选钩尖锋利尖锐，倒刺部分长短合适的钩。因为倒刺长，鱼不易脱钩，但是若过长，取钩不方便。

（3）选结实坚韧的钩。测试鱼钩时，一只手捏住钩尖部，另一只手捏住钩柄向外用劲拉，看钩尖部、钩门部是否变形，若变形，说明此钩不够结实，耐力小；若拉不动，或微微有些动，说明质量好，耐力大。

（4）选钩柄末端宽厚的钩。钩柄末端的钩把是拴线用的，如果钩把较宽厚，便易结线而且不易脱线；若钩把的粗细与钩柄的粗细一样，则渔线会脱落。钩把不能太薄，这是因为在钓鱼时，难免有时会用力，钩把会磨断绑钩线，使钩脱落。

第三节 渔线的挑选

一、渔线类型

（一）碳素线

碳素线是从国外引进的一种高科技材料碳纤维制成的线。碳纤维制成的渔线结实耐用，切水性好，不易卷曲、老化，柔软性好，但是价格比较高，目前尚未被广大钓者接受，多为专业钓手所用。

（二）陶瓷线

这里所说的陶瓷并不是用泥土在窑中烧制的陶瓷，而是一种叫法。是生产厂家为了增加尼龙线的硬度、拉力和耐磨力，在线的表面增加了一层薄膜，使线的承重力加强，切水性能更好。这层薄膜的材料成分是含氟树脂。

二、选择渔线时的注意事项

渔线的型号以毫米为单位，如 0.15 号的线其直径是 0.15 毫米。渔线也有粗细之分，可根据鱼的大小来选择渔线的粗细，钓小鱼用细线，钓大鱼用粗线。在选择渔线时，应注意以下情况。

（一）要定期更换渔线

渔线是用化工原料制成的，质量再好也会老化。渔线的老化与气温关系比较大，气温越高，渔线老化越快。所以，渔线的使用时间不能太长。通常渔线用了一年就应该换掉。经常钓鱼的人，过了夏季就应换线。尤其是子线线细，经常受重，老化得比较快。一副渔线，用作拴鱼钩、浮标的那段线老化得快，不经常用的后一段线老化得慢，所以，一副渔线在用了一段时间后，可以调换着用，即把前一段放到后面，后一段放到前面拴钩，这样就延长了渔线的使用时间。

（二）宜选用中档以上质量的渔线

渔具店的渔线种类繁多，价格不一。有的人图便宜，花几元钱买一盘线（几百米长），其实这是最为普通的劣质线。使用时线容易卷曲，又易老化，耐抗力也差，用不了几次就不管用了，钓上了大鱼易造成断线跑鱼的现象，令人十分惋惜。

通常买 10 元以上一盘的中档质量的线为好。好质量的线不会卷曲，切水性好，不易老化，线虽细，耐抗力却强。

（三）脑线要比主线细

脑线也称子线，也就是绑钩的那段线。有些人直接将钩绑到主线上，而不单独使用脑线，此法不足取。为什么要用脑线呢？因为脑线比主线细，当鱼咬钩时很难发现脑线，由于线细，灵敏度就高。另外，由于脑线细，耐拉力度不如较粗的主线，若是鱼挣扎，或者鱼较大，一旦脑线的承重力小于鱼的挣扎力，脑线就会断，但是主线还是完好的，只需要再接一条脑线就行了，对钓鱼人来讲，损失也会小得多。

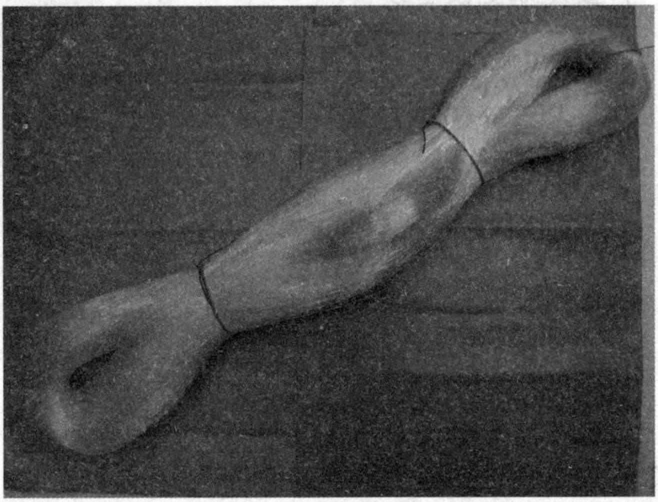

脑线不宜太短，至少在10厘米左右。因为脑线上还有铅坠，如果脑线过短，铅坠自然离鱼嘴近，会使鱼警觉，影响鱼中钩。另外，铅坠的体积大，应与鱼钩保持一定距离，这样就能避免鱼儿发现铅坠。脑线的线径通常是主线线径的1/2或2/3。脑线不能用太久，过一段时间就需要更换一下。

出外钓鱼，应多准备钩组，一只钩拴一根脑线。钩的型号多样化，在钓场可以根据实际需要更换不同型号的钩组。脑线与主线通常用连接环连接，这样方便快捷。

（四）线并非越结实越好

线的耐拉力应与竿子的承重力相匹配，应小于竿子的承重力。例如，一位钓鱼人钓住了一条很大的鱼，无论怎么拉，鱼就是靠不了岸，钩也脱不了，线也断不了，几经较量，最后竿子“咔嚓”一声断了，鱼也带着线钩跑了。造成这种情况发生的原因就是线的耐拉力大于竿子的承重力，结果造成了钓鱼人的大损失。假若他用的渔线质量差一些，其耐拉力小于竿子的承重力，那么在与鱼的搏斗中就会断线跑鱼，但是竿子不会折断，对钓鱼人来讲，其损失则很小。这就是一种辩证法，一种事物在某种条件下会走向反面。

通过以上事例，不难看出，线与竿的耐拉力必须相匹配，线并非越结实越好，也就是说，竿子好，可以用高质量的渔线，普通渔竿就只能用一般的渔线。

（五）渔线的长短与垂钓的关系

因各地钓鱼习惯不同、方法不同、所钓水面大小不一等因素，所选用的渔线长短也会不一。渔线的长短与垂钓方法有着一定的关系，一般可分为以下几种情况。

1. 齐竿线　齐竿线就是渔线的长度与竿的长度等长或近似。齐竿线有其优越性。

（1）竿子离钓点较远，避免鱼儿发现竿影。假如竿长7米，线也是7米，水线（入水的那部分线）约1.5米，那么风线的长度就是5.5米。用齐竿线竿子离钓窝较远，可避免阳光把竿子的影子映入水中使鱼产生警觉性。

（2）挂饵方便。扬竿收钩时，钩基本上可以到垂钓者面前，不需将竿一节节地收缩，节省了时间，钓鱼比赛中，可争取宝贵的时间。

（3）选钓点的余地较大。若水中有水草、乱树枝，长线可以选择无障碍物的钓点。

齐竿线投钩法：一手持竿把，若竿子太长，一手难以把握，可将竿把抵到腹部的腰带处，另一手拉紧渔线，把竿梢部分拉成弓状，然后拉线的手迅速松开，握竿的手借助竿的弹力顺势向前用力，钩饵就会投到远处的水中。

(4) 可以把钩饵投到较远的水域，便于在深水中钓鱼。有时，因塘口呈碟子状，水较浅，而近岸处无鱼，只有长线方可把钩饵投到远处。

(5) 因线较长，若钓到大型鱼时遛鱼方便，线长使鱼有游窜的余地，只要收放线适度，不会因短线造成人与鱼的对抗，遛鱼能消耗鱼的体力，最终把鱼弄得精疲力竭。

2. 长竿短线　长竿短线钓法是用得最多的一种钓法。

8 米以上的竿多称为长竿，有的竿可长达 13 米以上，而竿上的线除水线，风线多为 1 米左右。长竿短线的优点如下。

(1) 适应性强。长竿可以缩短（少抽出几节）钓浅水，但短竿就不能伸长，只能钓近水。因此，长竿可钓近也可钓远，适应范围广，使用方便。

(2) 适合在草丛等水生植物多的水域垂钓。由于水生植物多，空隙很小，短线可以通过竿梢直接丢到空隙间，选点准确。鱼咬钩后要立即提竿，由于线短，鱼可窜游的范围较短，避免鱼窜到草丛中被草茎绞绕。在水塘、堤堰中常有莲藕、芦苇、浮萍，在这样的水域长线的弊端就显而易见了，只有长竿短线才运用自如，优势明显。

长竿的重量并不比短竿重多少，尤其是现在很多钓鱼者使用的碳纤维竿，材质好，一副 10 米的长竿也只有 500~700 克重，不必担心长竿笨重。

(3) 提竿迅速，反应灵敏。由于风线很短，有时与水线呈垂直状态，一旦浮标有上鱼反应，立即提竿，动作快捷，不会像齐竿线那样“拖泥带水”。

但是长竿短线也有不足之处。

(1) 竿影易被鱼儿发现。由于竿子就在水面的上方，影子映入水中，很容易让鱼发现并产生警惕性。

(2) 伸缩费时。挂饵时必须将竿一节节地缩回，然后才能够到线钩。挂了饵后也必须再将竿一节节拉出，比齐竿线挂饵的速度慢。

(3) 遛鱼的余地小。由于线短，人与鱼的对抗力增大，只有靠竿子的弯曲度和韧性遛鱼。若竿子调性是硬性的，遛大鱼时可能会断线断竿，不如长线遛鱼的余地大。

线的长短一是根据个人的习惯喜好而定；二是根据气象条件及季节的变化；三是根据所钓对象（鱼）的不同；四是根据钓场水面的大小。如春季宜用短竿短线，冬季则宜用长竿长线，夏季钓深水也宜用长竿长线。

3. 超长线　在比较大的水域进行垂钓，还可以使用超长线。线长是竿长的1倍以上。如竿长8米，可钓20米远的水域，水深为3米，钓线长度应在16米以上。计算方法是：20米减竿长的8米，竿梢至少有12米的钓线，再加上水线3米，风线1米以上，所以钓线应在16米以上。

超长钓线抛线法：先把竿架到支竿架上，钓线下端必须有适当重量的铅坠，铅坠应是可以上下活动的活心坠。钩上挂饵后用手提线抛出，就像拉砣钓法一样，将钩饵抛出去。还必须用大型浮标。因投得远，小号浮标不易发现其动态的变化，所以应用大号浮标。

超长线适宜在江河、湖泊、水库中使用。

第四节　浮漂的挑选

浮漂，也叫浮标、鱼漂，通过浮漂的浮动情况，可以了解鱼咬钩的情况，同时也能通过浮漂入水情况测出水的深浅度。有经验的垂钓者可以通过浮漂的动态，判断出是否有鱼吃钩、鱼的大小、是哪种鱼咬钩。现在随着钓鱼技术的发展，浮漂在垂钓活动中的作用显得更为重要，浮漂的制作材料及浮漂的形状也都有所改进。以前一支浮漂只需要几角钱、几元钱就能买到，现在一支我国台湾生产的手工制作的浮漂价格达到上千。尽管一些浮漂较贵，但由于材质好、性能好，因此依然受到很多钓友的青睐。

一、浮漂的结构

（一）漂身

浮漂的中间部分被称为漂身。漂身有粗细、长短之分。

漂身的粗细有两种影响，一是决定下行过程中水的阻力的大小，二是决定吃铅量的大小。漂身越粗，浮力越大，所需的铅坠的重量越大。反之，细漂身的吃铅量自然小。细漂身的浮漂由于水阻力小，所以在水中翻身的速度就快，而且，翻身后立起的速度也快。反之，漂身越粗，在水中的阻力就越大，浮漂翻身的速度就越慢。通常在底钓和钓轻口鱼时多使用漂身细长的浮漂；在浮钓时又常用漂身较粗的浮漂。

漂身不仅有粗细之分，也有长短之分。长身浮漂吃铅多，在站立状态下向四周活动时水的阻力就大，漂身长的浮漂比漂身短的浮漂稳定性好。浮漂越长，其重心就越高，在翻身时水的阻力就越大，因此翻身的速度就慢。长漂身的浮漂在外力作用下启动的速度慢，其灵敏度差，显得比较迟钝，所以钓手多用长身漂钓滑口鱼、钓大鱼。短漂身的浮漂稳定性能略低于长漂身的浮漂，但是有着较高的灵敏度，很细小的鱼讯就有反应，钓手常用短身浮漂钓轻口鱼、生口鱼。细长的浮漂多用于钓滑口鱼。稳定性最好的是锥形的漂，多用于有风浪的水域。

（二）漂尾

漂身的上部称为漂尾，也就是标有目数的一部分。漂尾在浮漂中起到传递鱼讯的重要作用。钓手都是通过浮漂的动态变化来观察鱼讯、掌握提竿时机的。钓鱼高手在选用浮漂时首先考虑的是选用具有什么样漂尾的浮漂。

漂尾又可分为软尾（即空心尾）和硬尾（即实心尾）两种。软尾由塑料制成，比重小于水，可以增加浮漂所受的浮力。软尾的稳定性能较好，只有在一定的下挫力的情况下才显示出动态。硬尾大多是由玻璃纤维或碳纤维材料制作，其比重，对浮漂漂身的浮力略有减少。但是硬尾的灵敏度高于软尾。当浮漂下挫的，反应的信号较为明显。正是由于硬尾过于灵敏，所以有时会反映出鱼未中钩时的一些假信号。

（三）漂脚

漂脚有长短之分、粗细之分。制作漂脚的材质有多种，常用的有竹脚、玻璃纤维脚、碳脚。竹脚又有长竹脚和短竹脚两种。竹子的外部接近竹皮的部分制成的竹脚比较好，这种竹脚的特点是结实耐用，有韧性。用碳纤维和玻璃纤维制作的漂脚没有浮力，选用这种漂脚不能过粗，太粗的漂脚会降低浮漂的浮力。

浮漂漂脚的长短与浮漂入水后翻身的速度关系很大。浮漂的漂脚长短会影响浮漂的翻身速度，漂脚越长的浮漂翻身速度越慢，漂脚短，浮漂入水翻身快，翻身的快慢对钓鱼的速度有着很大的影响。如果是进行竞技钓，就需要浮漂翻身快，这样上鱼的速度自然提升。如果池塘中鱼的密度大，上钩快，应尽量使用短脚漂。一般鱼塘中鱼的密度小、鱼的活动量小，或在开钓时的引诱鱼阶段多采用长脚漂。影响浮漂灵敏度的不光是漂的长短，也有漂的粗细。因为粗漂脚有一定的重量，会减弱漂身所受的浮力。粗漂脚切水性差，阻力大，不符合“浮漂应尽量减少对水的阻力”的用漂原则。

短脚漂的优势要比长脚漂的优势大。短脚漂由于漂脚短，浮漂入水时翻身速度快，相应地增加了浮漂的灵敏度。

漂脚是插入浮漂座里的，入水后就看不到了。

二、浮漂类型

常用的浮漂有传统钓法用的圆柱式老式漂、七星漂以及供浮钓用的球形漂和立式漂、长尾长脚的流行漂。

（一）长尾纺锤形浮漂

长尾纺锤形浮漂是目前用的人最多、最时髦的浮漂。

长尾纺锤形浮漂型号较多，长短多样，短则10厘米，长则30多厘米，甚至更长。

制作长尾纺锤形漂的材质较多。市面上有孔雀翎漂、木质漂、碳纤维漂。竹材及麦秆等也可以制成长尾纺锤形浮漂。长尾纺锤形浮漂多是机器生产，也有手工制作的，我国台湾手工制作的巴尔松木漂一支价格就高达几百元，几乎达到一支渔竿的价格。

不同材质制成的长尾纺锤形浮漂，结构、性能也不同，如漂尖有软漂尖和硬漂尖之分。硬漂尖为实心，多是用碳纤维制作，灵敏度高，漂子入水后立即垂直立起，若是小号漂，鱼只要微微触动钓线或钓饵，就会引起鱼漂的变化，但这并不是鱼中钩的信号。软漂尖为空心的，漂尖略粗，易于观察，灵敏度不如硬漂尖的好，适合视力差一些的钓者使用，也适合在鱼的密度不太大的水域使用。因为，密度高的水域，浮漂的反应速度快，起鱼的概率高，所以应用灵敏度高的浮漂，争取早扬竿，多起鱼，多收获。

长尾纺锤形浮漂生产工艺水平高，浮漂表面漆膜细密不渗水，光洁度好，具有以下优点。

（1）视觉清晰。由于漂尾细长，长度短则数厘米，长则30厘米左右，便于垂钓者观察浮漂动态的变化。

这类浮漂的漂尖一般用多种颜色漆成彩格，常用的颜色为红色、黄色、黑色，每格叫作一目，每个漂尖至少6目，根据这些目，垂钓者可以调成水面以上的不同目数。例如钩上不挂饵团，水面以上露出4格，叫作调4目；将饵团挂在钩上，由于饵团具有一定的重量，使浮漂下沉2格，水面以上只剩2格，这叫钓2目，这也是台钓常说的“调4钓2”钓法。不过并不绝对，也可以调5钓3、调6钓4。而圆柱式浮漂就没有这个功能。因此，悬坠钓、台湾钓法都是采用长尾漂，长尾漂也是竞技钓的唯一用漂。

现在很多人用一种绿色漂尖的漂，这种绿色的漂颜色比较柔和，不刺眼，如果光线不是太刺眼，钓鱼人很容易观察到鱼漂的动态。

长尾纺锤形漂的漂脚有一个 2~3 厘米的小软带，小软带一头连接漂脚，一头连接插针，用胶黏结。插针插在钓线上的浮漂插座中。插座上下各有 1 粒太空豆，以防止浮漂在水中移位。

(2) 稳定性好。浮漂与水面接触的面积少，仅仅是浮漂的鼓肚部分接触水面，稳定性能好，可以把风浪的影响减少到最小。

(二) 七星漂

七星漂有多种叫法，有的叫散漂、散子，有的叫分体漂，七星是民间常用的词，有象征吉祥的意思。民间多采用鸡鸭鹅的毛梗，截成很多 1 厘米左右的段，然后串到线上制成七星漂。现在很多厂家用浮力材料（如软塑材料）制作七星漂，大批量生产。此漂多数以 7 枚为一漂组，3~5 厘米一枚。也有的仅用 3~5 枚，用 8~10 枚的也有。漂表面多为白色，也有人会将漂表面涂成不同的颜色。一般厂家会根据消费者的需求进行生产，因此，生产工艺越来越精致，颜色、种类也多样化。

七星漂是江浙一带盛行的钓具，其他地区用这种漂的比较少，北方更是少见。使用此漂的优越性是调漂简便，多半是靠近钓钩的 2~3 枚碎漂没入水中，水面以上有 4~5 枚，横卧水面。鱼中钩后，如果水面以下的碎漂上浮出水面，说明中钩后的鱼头朝上，是送漂，这是提竿的最好机会。若水面上的碎漂硬被拉入水中（叫黑漂、沉漂），说明鱼中钩后想要逃窜，这也是提钩的好时机。

七星漂有个好处是，更换钓点不必重新换漂，比较节省时间。

但是使用七星漂也有几点不足之处。一是若水中波浪过大，浮漂容易受波浪影响，让钓鱼者很难捕捉鱼是否中钩的信息；二是不能钓远钓点。距离远，由于漂体小，岸上的钓鱼人不易观察浮漂的沉浮变化。只能在近距离使用，在风平浪静时使用。

（三）球形漂和立式漂

也多为塑料材料制作，颜色鲜艳（红、黄、白三色），漂体大，主要用作浮钓。如钓翘嘴鳇、鲢鱼、草鱼等。球形漂的稳定性不如立式漂的稳定性好，因为球形漂与水接触的面积大，容易受波浪的影响而使得钓位也发生变化。使用球形漂、立式漂时最好加铅坠，铅坠沉底，这样可防止钓钩大幅度移位。

（四）圆柱形的浮漂

老式浮漂，用塑料制成，价格低廉，耐用，上下一般粗，目标大。漂的动态反应明显，无论是黑漂（漂被鱼拉入水下），还是送漂（浮漂呈斜状、升起或横卧状）都十分明显，适合视力差的老年人使用，也适合在光线不足的阴雨天、黄昏、黎明时使用。这种漂的缺点是传递信息不够灵敏，在水中的稳定性能也差，若遇风浪，漂会随水浪波动，风越大，波动越大，使垂钓者难以辨别是不是鱼中钩的信号。

三、浮漂的选用原则

浮漂的选用原则一般根据钓鱼者个人需求。第一，个人的年龄、视力情况是选用浮漂的关键依据。年龄较大，视力较差的钓鱼者使用圆柱形漂和大号长尾纺锤形漂比较合适。因为这些漂比较大，便于观察。第二，选浮漂时要考虑垂钓的目的。若是参加竞赛，由于比赛规则通常是在规定时间内以所钓的鱼数进行计分排名次，也就是说钓的鱼数越多越好，为此应选用灵敏度高的细尾细尖的流行漂。若是休闲钓，对浮漂的选用就比较随意了，可根据钓场的大小、垂钓的对象鱼种而选用浮漂。第三，要考虑在什么水面钓鱼。在水库、湖泊等地的水面钓鱼，因水面宽，钓的又多是草鱼、鲤鱼等大型鱼，钓饵多投得较远，目标小，因此应用大型漂。第四，要考虑是钓大鱼还是钓小鱼。钓小型鱼自然是用小钩细线，必须用与此相匹配的小号漂，反之则应用大些的漂；第五，要考虑气候因素。如气压、明亮度、风力。气压低时，鱼活动量小，觅食消极。这时，鱼吃食的动作小、口轻，用漂时应选漂尾长、漂身细的小浮漂。当鱼上浮到水的中层、上层，应采用浮钓法，应选短脚短尾的浮漂。碰到阴雨天气，光线较暗，钓鱼时若浮漂过于细小，就难以观察鱼咬钩时漂尾的状态，因此，应选用漂尾较短、漂身较粗的大型号的浮漂。风也是选漂的一个重要因素。有风，水中必有波浪，有浪时水面波光粼粼，这时看漂十分刺眼，若漂尖过细过短，不易发现鱼汛情况，此时应选用长尾的型号较大的浮漂。如果浮漂过小，在抛钩时也会受风的阻力难以将钩抛到预定的钩点。第六，要考虑在什么天气条件下钓鱼。若是风平浪静，为了增加钓具的灵敏度，应尽量选用小些的漂。若有三四级以上的风浪，为了增加钓具的稳定性，就应选用大型漂。

第五节 渔轮的挑选

一、渔轮种类

绕线轮的种类较多，常用的有：叉型凿槽式手拨轮、旋压式绕线轮、鼓形绕线轮、封闭式绕线轮等。其中用的比较普遍的是旋压式绕线轮，其特点是：不易乱线，出线阻力小，速度较快。这种绕

线轮装有曳力装置，其缓冲作用明显，可自动放线。

绕线轮是一个贮线器，可贮线数十米乃至数百米，有了绕线轮，将钓饵投到远处的水域就方便得多了。绕线轮上装有曳力器，用来调整出线阻力，当钓到大鱼时，可以灵活地收线放线，使鱼消耗自身体力。由于收线放线方便，避免了在拖钓过程中断线跑鱼现象。

由此可见，绕线轮的作用举足轻重。不能选用质量太差的轮子，不然摇起来时容易直摆，拉力稍大一些就摇不动，这样的轮子用起来费神费力，一副好竿发挥不了应有的优势。因此，绕线轮的质量一定要过硬。

二、选配渔轮

有一种主张是“宁可将就竿，也不能将就轮”，这种主张是有一定的道理的。

外观光洁平整，摇起来轻快通畅，无阻滞感，无杂音，收线平滑，轮体无震动，绕线整齐，刹车力均衡，这是高质量的绕线轮所具有的特点。

选购渔轮时一定要注意轮子的大小应与海竿的长短相适应。一般来说，长竿配大轮，短竿配小轮。如果用长竿配小线轮，用着别扭不说，当钓到大鱼时，由于轮小储线短、细，往往造成严重的后果。短竿可以配大线轮，只是显得有些笨重，在操作上显得比较笨拙，但还可以用。轮大线多本身是个优点，对遛鱼有利，不言自明。

另外，后曳力绕线轮操作方便，便于微调钓力，但价格较高，若经济条件允许，选此种较好；若垂钓水域中有大鱼，则应选用体积较大的绕线轮，这种绕线轮贮线较多；若用串钩垂钓，因串钩一般只能钓到个体较小的鱼，故选用小号绕线轮即可；若垂钓水域宽阔，需要远投，也需选用较大的绕线轮。

第三章

钓鱼用具的使用

第一节 为渔竿加绝缘把套

渔具生产厂家生产有一种绝缘把套，主要是为了防止碳纤维竿触电，这种绝缘把套是用橡胶制成的软套，可以套在钓竿的最后一节的底把外。套把有窍门：先将橡胶套套到把上，再在外用酒精灯烘烤加热，经过加热的套会收缩一些，与竿把连成一体。在套把的时候，要使橡胶把套将竿把全部包住。不过，即使使用了绝缘套，如果垂钓的地方的上空有高压电线，也最好不要进行垂钓活动，以防万一。

第二节 保护好渔竿

一、用后擦洗干净

钓竿外面都有一层涂料，在沾上水后要及时擦干，否则容易脱漆，若竿壁内侧长期处于湿润状态的话，钓竿的使用寿命就会大大减少，因此，让竿体保持干燥是十分必要的。每次钓完鱼后，要及时处理渔竿上的污物及水珠，若有时间的话，可将各节晾干后再收竿、套竿。

回到家以后，若感到渔竿还不太干爽，就将每节竿子抽出，分别晾干，再进行封盖。套放后也不要盖上上面的一头，以便让渔竿内部通风。

二、“丢卒保车”

钓鱼时常常会遇到钩在水中被挂住，怎么拉都无济于事的情况。这种情况下应采取“丢卒保车”的办法。尽量将竿梢前面的渔线绕到竿子上，转动竿体，尽可能多缠绕一些渔线，再将渔线拉断，使得渔竿完好无损。

三、防止竿折

垂钓时先要察看岸上的环境，钓位应选无障碍物的地方。若钓位附近有密集的树丛、竹丛或刺条，会影响伸竿收竿，也易挂线。

鱼钩上有鱼时，初学钓鱼的人往往沉不住气，手忙脚乱，在鱼钓上岸后只顾去摘鱼，忽视了地上的渔竿，常常踩裂渔竿。正确的方法是将鱼从水中慢慢提上岸，先把渔竿架到支竿架上再取鱼，这是钓小型鱼的做法，如钓鲫鱼。若是钓到了大鱼，要正确遛鱼，应注意始终使竿与线形成一定的角度，也就是使竿成弯弓的样子，不能使线与竿成一条直线。钓鱼者通常把线与竿成直线的现象叫作“拔河”。

四、防止挤压磕碰

碳纤维竿质地较脆，柔韧性较差，因此要防止挤压，避免竿体破碎。

有些钓鱼者在取鱼时，稍不注意就会一手握住竿梢部分的前两节，一手抓钓线取鱼。这种做法很容易使竿梢部分受力弯曲，若弯曲过度容易折断。正确的做法是握住竿的中后部，如果钓的是小鱼，就直接将鱼提上岸，钓到大鱼时应用抄网，或请钓友帮助抄鱼。

五、保护竿梢软带，减少磨损

竿子买回来以后，可用胶涂在竿梢与软带的连接部位，增加软带与竿梢粘接处的牢固度。

竿梢又尖又硬，为避免软带磨损，可用胶在竿梢顶端前面的软带上涂抹，所涂区域长度约 1 厘米。涂抹后的这段软带变硬，使其承重力前移，避免了竿尖对软带的摩擦。这是保护软带的一个用之有效的好方法。

第三节 渔线与渔竿的连接

一、气门芯连接法

（1）将竿梢上软带的头打一个结，并折成一个半圆弧形。

（2）取一段气门芯，套住软带。

（3）将渔线从软带环中穿入，然后打一个结即成。

（4）取线时将气门芯从软带上褪下。

二、活套环连接法

（1）先在软带顶端打一个疙瘩。

（2）将渔线在顶端结个圆环。

（3）将圆环对折成双圆环。

（4）将双圆环重叠在一起。

（5）将软带从圆环中穿过。

（6）拉紧线，使圆环紧套住软带。

（7）取线时只要松开圆环，将软带从圆环中褪出就行了。

三、橡皮筋连接法

（1）把橡皮筋套在竿体上。至于套在竿体的何处，可以根据线的长短（指竿梢以前的线）灵活掌握。如想把线留得长一些，橡皮筋就往竿子的前几节上套；若想把线留得短一些，就把线往竿子的后几节上套。套时多绕几圈，以便固定套竿，使其不向前移动。

（2）在渔线上先穿一截气门芯或橡皮帽。

（3）在线的末端再拴上连接环。

（4）用连接环与橡皮筋连接即可。

四、连接环连接法

（1）将竿梢上的软带结成一个圆环，用线拴紧。

（2）将连接环与软带圆环连接。

（3）钓罢鱼再把连接环取下。

五、太空豆连接法

(1) 将渔线的顶端折成半圆环状。

(2) 将太空豆从半圆环中穿过。

(3) 将竿梢上的软带打一个结。

(4) 用半圆环状线圈套住软带。

(5) 将渔线拉紧，线圈缩小，紧箍软带。

(6) 取线时将线圈扩大，抽出软带。

第四节 绕线轮连接法

渔具店出售有一种专供手竿用的绕线轮。使用绕线轮有以下方便之处。

(1) 可以保护竿梢。有了绕线轮，可以将竿梢的承重力分散一部分到线轮上，因此减轻了竿梢的负担，起到保护竿梢的作用。

(2) 可备多只绕线轮，灵活选用。绕线轮有各种型号，用时根据水的深浅度、所钓对象（鱼）的大小、线径的粗细、钩的大小灵活配置。

(3) 渔线可长可短，随时可以调整。绕线轮所绕的线的长度可根据需要灵活掌握，根据水的深浅情况，从绕线轮上放线或收线。

一、绕线轮常用方法

（1）拧开轮盖的螺帽，直至轮盖脱开轮轴。

（2）将渔线从线轮外壳的穿线孔中穿进，结个圆环，套在线轮的中轴上。再将线环拉紧，使线紧套住线轴。

（3）盖上轮盖，拧动螺帽。

（4）摇动轮盖上的把柄，轮轴就会转动，渔线就会灵活地收线放线。

（5）使用线轮时，将线轮的圆孔从竿梢上套进，一直向下移动，直至线轮的圆孔与竿体紧密结合，不松动为止。

（6）在竿梢上套一个气门芯。

（7）使用时可根据自己的需求进行放线。

（8）钓罢鱼后，将线轮从竿体上取下，再往绕线轮上收回渔线就行了。

二、使用绕线轮连接法应注意两个问题

（1）线在竿梢上必须加固，为避免鱼在挣扎时直接拉动线轮，最好打个活结，这样也可以避免线轮从竿上脱掉，落入水中。

（2）为了避免线轮离开竿体从竿梢滑入水中，线轮与竿体也应扣牢固。为使线轮与竿体稳固，可在线轮前方的竿体上拴一根粗线，也可以用胶带缠住竿体，这样，就减少了线轮离开竿体的概率了。

第五节 绕线轮的使用

一、装 线

装线的过程通常需要两人配合，一人手拿绕线轮，另一人手拿线盘，将一短棍穿过中心孔，将线头拴在卷线盘上，结上死扣，摇动手柄，钓线便会绕在卷线盘上。不管装哪种类型的线，最好不要装得太满，应略低于贮线槽口，以免乱线。

（一）调曳力旋钮

将绕线轮装在海竿上，固定牢靠，然后调整曳力旋钮。在调整过程中，先将钓线依次穿过每个过线圈，再从竿尖拉出，保证钓线与钓竿垂直拉线。若钓线拉力为 4 千克，可在线端挂一个 2~2.5 千克的重物，在这个重量下，卷线盘正好自动放线，即为调好。如果借助弹簧秤来调定曳力则更为准确。调定后，通常不用再动，但定期检查还是有必要的。

（二）投竿

先用握竿手的食指钩住钓线，翻开出线环，将饵钩甩投到钓点，待饵钩入水后将出线环复位，再将钓线收紧。

二、自制缠线盘

（1）取一块长、宽各 10 厘米，厚 1.5~2 厘米的质量比较好的杨木板。

（2）在板上画一个半径 5 厘米的圆。

（3）将圆周外的部分切除，并用铁刨子将圆周刨光。

（4）在木板的中心钻出直径 1 厘米的中心孔，方便缠线、取线用。

（5）在圆木板的圆周，取其中心线，用圆口木刻雕刀刻出宽 1.5 厘米、深 0.8~1 厘米的缠线槽，将渔线缠在槽内即可。

另外，也可取长、宽各 9 厘米，厚 0.7~0.8 厘米的质量稍好的木板一块。画一个半径约为 4.5 厘米的圆，用上述方法将其做成直径 9 厘米的圆盘。然后，取两块长、宽各 10 厘米的纤维板，以上述办法制成圆板，而后将木板夹在中间，在三板同心的条件下用铆钉固定。

用上述方法进行缠线，可免去缠线板、缠线架缠线，将渔线缠得呈 360°角弯曲，使渔线呈“M”形。

三、绕线轮的保养

（1）每次垂钓以后，应用湿毛巾擦净表面的污泥、杂物，再用干布擦干。

（2）在海水中垂钓后，应将绕线轮放入温水中，浸泡 20~30 分钟，晾干后，再卸下主要部件仔细擦干，在传动部位加注润滑油。

（3）每使用 1 年左右，如在每年冬季收竿时，应打开齿轮箱盖板，用黄油涂抹齿轮、滑块等运动部位。

(4) 所有旋转和摩擦部位要运动灵活自如，因此要经常保持油润状态，故要定期在各活动部位加注润滑油。

(5) 外出垂钓时，要注意不要挤压和磕碰绕线轮，最好一个绕线轮装一个小布袋。

(6) 如受雨淋，回家后应用清水洗净擦干，必要时打开盖子，将里面擦干，并在传动部位加些润滑油。

(7) 对于结构复杂的绕线轮，如鼓形绕线轮，因安装精度较高，不要轻易拆卸，以免拆卸后难以组装。

第六节 海竿钓法的类型

海竿钓法可分为钓底和钓浮两大类。根据用饵真假的不同，海竿又可分为普通海竿和路亚海竿两类。

一、钓　底

垂钓时钩饵沉到水底的钓法称为海竿钓底。按照所用钩组的不同，可将钓底分为爆炸钩钓底、串钩钓底以及串钩+爆炸钩钓底三种类型。海竿钓底一般不使用浮漂，都是在竿件处挂有铃铛，以铃响或观察竿尖、钓线的形态变化来确定是否有鱼上钩。海竿用的铃铛带一小夹子，通常这个夹子是夹在海竿最上面的一节上，因为夹得越高，灵敏度越高。如若上了铃铛，收线时要先将铃铛解下来，再进行其他步骤。

（一）爆炸钩钓底

采用爆炸钩钓底一般也不使用浮漂，线组为“主线+活动坠+爆炸钩”。爆炸钩用的饵团要比一般的饵团大且重，可以不用坠。由于爆炸钩所用饵团大，会使得很多鱼聚集，因此爆炸钩钓底是效果较好的一种钓法，这也是许多钓鱼者进行海竿钓的常用玩法。

爆炸钩是一种特质的钩具，由带子线的数枚钓钩扎在一起而成，其中间有弹簧。很多商店也有爆炸钩出售，买回接上即可使用。但也有些高手认为弹簧的作用并不大，将其剪去，形成无簧爆炸钩。

（二）串钩钓底

海竿钓法很少用单钩，因而串钩钓底就成为海竿钓底中最简单的钓法了。串钩钓底可使用同一种钓饵，也可在一串钩上分别挂不同的钓饵。

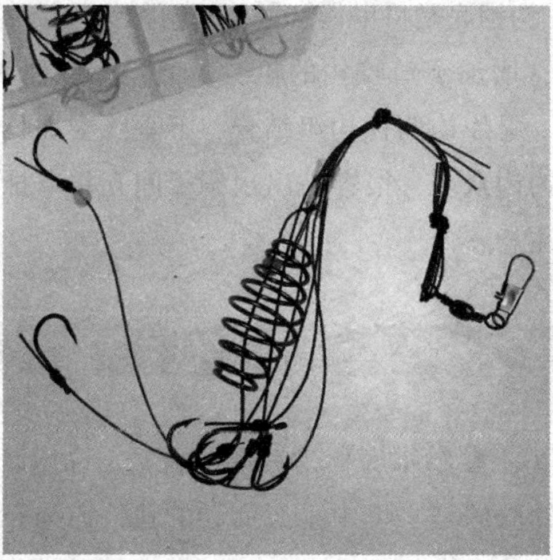

（三）爆炸钩的上饵方式

爆炸钩之所以能“爆炸”，其关键在饵料。爆炸钩通常是用豆饼粉、玉米粉、面粉混合物制成饵料。由于海竿的饵团在空中的飞行距离长，需要保证饵料有足够的附着力不脱钩，因此爆炸钩的饵通常调得较干，制成成品的饵料以捏不出水分、使劲捏又能成团为宜。

以往人们使用的爆炸钩的拴钩线较长，上饵时先将饵料捏成团，将爆炸钩的拴钩线嵌入饵团中，用力捏紧。然后逐一将钩由下向上翻上去，均匀地将钩插入饵团中，再次捏紧饵团，即可投入水中。现在市场上出售的成品爆炸钩的拴钩线较短，在弹簧上捏上饵团后，再将钩上翻就比较困难了，因而将钩埋在饵团中即可，中间较长的钩可露在饵团的外面。

（四）串钩+爆炸钩钓底

串钩+爆炸钩钓底是将串钩、爆炸钩两种钩组结合起来使用，由于钩饵的增多，增加了鱼咬钩的机会。但是，这种钓法也有弊端，由于是将串钩、爆炸钩两种钩组结合，下垂线会加长，增加了投抛的难度。而且钓钩众多，很容易出现钩子间互相牵扯的现象，因此抛投时需要多注意。

二、钓　浮

垂钓时钩饵不接触水底称为钓浮，也就是说钩饵呈悬浮状态垂钓。钓浮一般钓取的是水里中上层活动的鱼，钓钩一般在水体的中上层悬浮，这种钓法能够避免挂底。海竿钓浮可采用两种方法。

(一) 浮漂钓浮

将坠饵悬浮在水中进行钓浮的方式称为浮漂钓浮。这种钓法需要借助浮漂的浮力使坠饵悬浮，因此浮漂体形比较大，借助浮漂的浮力来承受“坠+饵”的重力，使浮漂能露出水面，钩饵悬浮水中。由于浮漂的浮力能够承担“坠+饵”的重量，因而不论水有多深都可采用。此法灵敏度较高，观漂扬竿。

浮漂钓浮所用钩组与钓底类似，串钩钓浮、爆炸钩钓浮以及串钩+爆炸钩钓浮三种方式也常在浮漂钓浮法中出现。浮漂钓浮的连接方式根据所用钩组的不同而有所不同。采用爆炸钩、串钩+爆炸钩，连接方式为主线—漂—（串钩）活动坠—爆炸钩。主线—漂—串钩—活动坠是串钩钓浮的连接方式。

浮漂钓浮也存在着不足之处：钓点的稳定性差，容易移位。这种现象是因为坠饵是悬浮在水中，当有风的时候，坠饵很容易随风发生偏移。因此竿子打好后要压水线，以防止钓线被风吹动移位。悬浮钓浮比较适合在无风、无水流的情况下垂钓，如果有风，可选择顺风钓。

浮漂在浮漂钓浮中起到三种作用：一是确定垂钓的水层深度；二是借助浮漂的浮力将钩饵悬浮在水中；三是传递鱼咬钩的信号。

浮漂钓浮需要在抛投前设定浮漂在主线上的位置。但如果在抛投前就将浮漂定位，浮漂与钩坠间就会有预定水深的间隔。由于浮漂钓浮使用的浮漂比较大，浮漂与饵坠相距较远，增加抛投难度，抛投的距离会因之而有所降低。如果使用爆炸钩浮漂钓浮，采用穿孔式带示标的球漂就会降低投抛难度。具体操作方法如下：在主线上装一粒太空豆，穿上浮漂，再装一粒太空豆，再接活动坠、爆炸钩。将太空豆在主线上的位置调整好，即可限定垂钓水层的深度。浮漂在主线上的位置不是固定不变的，在抛投时浮漂滑向饵坠端，与饵坠相距较近，投抛难度就降低了。

（二）定位钓浮

定位钓浮是指浮漂的浮力使饵悬浮在水中，而浮漂下的铅坠沉入水中，限制漂、饵的移位，从而实现相对的定位钓浮。

定位钓浮线组依据“主线—坠—漂—爆炸钩（或水怪）”的原则进行组装，具体方法如下：先将一粒太空豆装在线上，接着穿上铅坠，再穿上浮漂，最后接上炸弹钩。

浮漂、锥形铅坠在主线上呈动态，而不是固定不变。铅坠选用有较大穿心孔的锥形坠为宜，要保证锥形坠能顺畅滑过主线上的太空豆。

由于漂、坠在主线上没有被固定，坠、漂在入水后，在浮力的作用下，浮漂会调动浮漂下方的铅坠一起向上滑动。当浮漂上升到水面后，铅坠在重力的作用下会顺着主线滑向水底，铅坠的喇叭口能使铅坠顺利地通过太空豆，随后慢慢沉入水底。

太空豆的主要作用是阻止浮漂向上滑动，因此浮漂不能穿过太空豆，这就保证了钩饵能够被悬浮在事先拟定的水层中。因此，太空豆在主线上的哪个位置通常根据预定的垂钓水层来确定。在垂钓过程中，可通过调整太空豆在主线上的位置来改变垂钓水层的深浅，便于寻找鱼所在的水层。沉底的铅坠的主要作用是减少浮漂、钩饵随水流、风浪漂动的幅度，从而达到定位垂钓的目的。

定位钓浮在抛竿后，要先紧线，这样做是为了保证浮漂和铅坠呈垂直状态。当鱼咬钩时，在扬竿过程中要先带动铅坠，才能带动鱼钩。扬竿时，力量从水底的铅坠传到水面的浮漂，再传到水下的钓组，传递的过程较长，使得定位钓浮的灵敏度较低。这种钓法一般适用于深度在两米内的水域，太深的水域不适合此种方式。不过定位钓浮的稳定性较好，浮漂移位少，抛投时由于漂、坠均处在主线的末端而不会影响抛投距离。

三、路亚钓法

路亚钓法在海、淡水均适用。这种钓法在欧洲非常盛行，但在我国很少有人采用，这里只做简单的介绍。

路亚钓法的要领有三。

(1) 路亚钓法属“游钓”，要追着鱼群钓，边走边钓，鱼的密度高时，抛竿垂钓才会有好的效果。

(2) 要科学用饵。无论哪种钓法用饵都非常讲究。路亚钓法用的拟饵的种类繁多，有数千种之多，因此根据垂钓对象选择饵料十分重要。

(3) 路亚钓法以用拟饵为主，拟饵只有在运动状态下才能以假乱真，使得鱼儿受骗咬钩。模拟饵料生物的运动状态主要依靠操竿手法的变化，通过改变拟饵的运动方向和运动速度可以吸引鱼儿咬钩，总之拟饵必须要动，而且运动状态要不断变化。

（一）“旋”

“旋”是指在收线过程中，不断地用竿尖画圆，使拟饵在水中做上下旋转，这种运动方式就像一尾垂死的鱼儿，使大鱼有机可乘。但在“旋”时必须注意勿使主线缠绕竿尖。

（二）“摆”

“摆”是指在收线过程中，竿尖不时地左右摆动，使得诱饵小幅度地摆荡，就像一尾受伤的小鱼，因而激起大鱼的攻击欲望。

（三）“抽”

“抽”是指在收线的过程中，不时以或大、或小的力道来抽动竿尖，使拟饵在水中呈上下无规则的跳动，使之看起来就像一尾痉挛的鱼。大鱼见到这种“可乘之机”，就会冲过来一口吞下。

（四）变速

变速是指不时变换收线速度，从而改变诱饵在水中运动的速度。不同的饵料生物的运动速度是不同的。许多追逐摄食的鱼对快速运动的物体感兴趣，而伏击摄食的鱼对慢速运动的物体有兴趣。鱼在水中游，钓鱼者很难辨别拟饵附近都有何种鱼，不断变换诱饵在水中的速度，可扩大垂钓对象（鱼）的种类。

第七节 海竿使用要素

这里所讲的海竿使用要素主要是针对初学者提的，是使用海竿时需要特别注意的事项。

一、调整好线轮的曳力再抛竿

进行海竿钓，要养成抛投前检查线轮曳力的松紧情况的习惯。线轮曳力一般以手拉一下主线，轮子能自如转动并出线为宜。

如果在抛竿前没事前调整好曳力，碰到大鱼容易造成不良后果，往往会后悔莫及。线轮的曳力过紧，在有大鱼咬钩后由于挣扎力大，钓竿可能被拉倒，甚至被拖入水中。如果支架插得较牢，钓鱼者扬竿不及时，钓线很容易被大鱼拉断。曳力松一点的话，有大鱼上钩时，即使没有及时扬竿，钓线转动自如，造成的危害也会小很多。但这时并没有消耗鱼的太多体能，如果鱼消耗的体力不多而带走很多的线，当线轮里的线不够长时，再与大鱼搏斗将费很大一番工夫。因此，如果上大鱼时曳力过松，要及时进行调整。

二、调整好下垂线的长度

我们平时所说的下垂线是指竿尖导线环到线组末端这段距离的钓线。下垂线由两部分组成：主线、钩具。一般来说，下垂线宜短不宜长，一般长度为 0.4 米左右，比较方便抛投。下垂线的最大长度应以抛投向后平举海竿时钩、坠不触地为准。如果下垂线过长，海竿的抛投难度会增加。这是因为发力容易受阻，有劲使不上，投不远；此外，海竿抛投时向后平举竿，钩组易与地面接触，很容易挂着身后的杂物，造成不必要的损失。

使用爆炸钩垂钓，由于钩具不占下垂线的长度，因此控制下垂线的长度就容易得多。使用串钩，下垂线的长度就比较长了，钓鱼商店出售的成品下垂线达 1 米左右。如果串钩再加爆炸钩，下垂线的长度就会增加。

总之，新手应从短的下垂线开始练习，这样比较安全些。如果串钩太长，可以适当地剪掉几只钩，缩短串钩的长度。

三、食指勾钓线、打开线挡

玩海竿要具备基本常识，抛投前应食指勾钓线、打开线挡，这也是使用海竿时的基本操作之一。这本应不是什么问题，但有的人很容易忘记在抛投前打开线挡，这点需要引起高度重视，养成抛投前打开线挡的习惯。如果没打开线挡就进行抛投，造成的后果比较严重，要么炸弹钩成了“天女散花”，要么由于用力过猛而断线，损失一副钩、坠，严重者会使得海竿断裂。

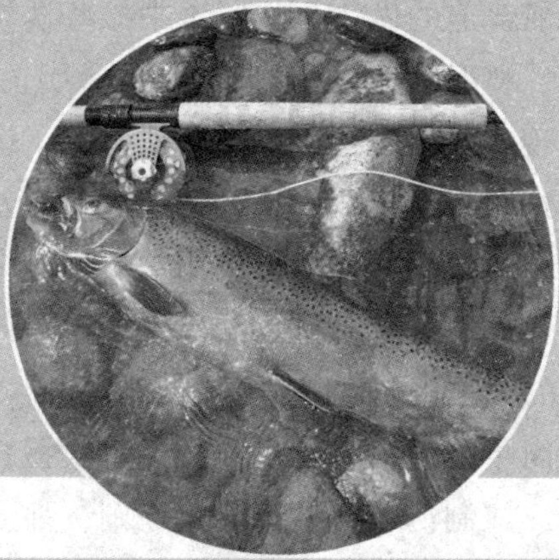

第四章
鱼饵的配制

第一节 鱼饵的配制常识

钓饵的配制和使用，可参考以下的方式。

使用手竿钓鱼，最普遍的做法是先向水中撒些诱饵，这样做可以使诱饵在水中扩散，利用诱饵的香味将附近的鱼引诱到钓点附近，随后抛竿用诱饵钓。现在，台湾钓法是不用诱饵的，也有一些钓友用诱钓合一法钓鱼，这种做法是将钩上的饵料先抖落水中，抖过几次后，使窝中积聚了一些饵料，然后再使用钓饵，但多数钓友还是比较习惯先投诱饵，再垂钓。尤其是在水库、湖泊、河流中进行垂钓，先抛诱饵再垂钓的方法比较适用。

投撒诱饵，看似简单，但也是有讲究的。每次撒多少量，如何撒，撒的频率是多少，配制诱饵应掌握什么原则，都要根据鱼的不同、水情的不同、气象情况的不同而调整。

诱饵由三部分组成：虚料、实料、添加剂。

虚料，并非是虚无的，而是与实相对而言，通常是指粉末状原料。这些物质质量轻，在水中很容易扩散，随着水的波动向周围漂散开，钓鱼人将这些碎屑在水中散开的情形称为“雾化”。由于碎屑向四处扩散，很容易引起水中游动的鱼的注意，于是，鱼会循着这些诱饵游向饵料区，饵料区的饵料要比那些虚料多，使得鱼儿很快聚集，饼粉、麦麸粉、糠粉、豆粉等都属于这类物质。

实料，一般是指颗粒状、块状物质，因为食料有一定的重量，不会像虚料那样扩散，而是沉入水底或近于水底的水中。这些物质是让鱼可以吃到的。对鱼来讲，它们追求的也正是这一类的食物。如玉米、饼块、小米、碎米、饭粒等就属于实料，这部分物质是不

可或缺的饵料。

添加剂，也称为辅料，也属于虚性物质。添加剂是饵料的重要组成部分。添加剂的主要作用是增加饵料的气味。鱼具有十分灵敏的嗅觉，游在水中的鱼，通常靠嗅觉来寻找食物。当鱼在游动时闻到某一种气味时，如果是自己喜欢吃的食物的气味，便会循着气味源的方向游过去。因此，添加剂的气味在饵料配制中有着重要的作用。气味有甜味、臭味、香味、酸味、腥味等。添加剂的种类较多，不管固体的、液体的，还是糨糊状的都有很多种。如粉末状的有气味的中药材、糖、中药泡酒、饮料、水果的渣滓、鱼粉、血粉等都可用作添加剂的原料。

作为添加剂，气味的浓度要适宜，太刺鼻的原料少用为妙。用量也不宜多，种类也不宜杂，一种饵料应以一二种气味为主。在饵料中添加多种添加剂，制成的饵料也许会让鱼避而远之，这种做法是不可取的。

第二节 影响饵料配制的因素

配制饵料要有目的性和针对性，不可盲目地配制，要多方面综合考虑各种因素，这些因素是。

一、所钓鱼的种类

配制饵料是为了钓鱼。根据钓鱼对象的不同，所用的饵料种类也不同。出外钓鱼，要有一定的目的性，这样才能根据需要对钓钩的型号、钓线的粗细进行合理的配置，而饵料的配制也要根据所钓的对象鱼进行，不同的鱼，在选料上、气味的调拌上有一定的差异。当然，有时不只是单纯为钓某种鱼，因为一般一处水域会有多种鱼生存，这就要求所用饵料也多样化，通常做法是准备多种干料，随时都可配制，灵活调配。有些鱼的食性比较复杂，既食荤饵，也食素饵，一种饵料适合多种鱼类食用，这种情况也是常见的。

二、水质因素

水质好坏也会影响鱼的生活，进而影响食欲。生活在不同水域的鱼对饵料的需求也不相同。钓鱼人常把不同的水质分为“肥水”和“瘦水”。所谓肥水，就是水中所含的腐殖质较多，水域附近含有多种微生物、小昆虫、软体动物等。所谓瘦水，就是水中含的腐殖质较少，鱼缺乏食物。这两种水质对鱼的食欲有着较大的影响。肥水，鱼不缺食物，对饵料比较挑剔，尤其是它们的食性有习惯性，对比较陌生的饵料有些疏远，因而拒食。瘦水中，因食物缺乏，鱼儿饥不择食，比较贪食，碰到荤饵更是喜欢。像人们的饮食一样，长时间总吃一种食物，很想换换口味。同理，生活在肥水中的鱼，动物性的食物吃多了，也想吃些素食。因此，钓鱼人在肥水区域进行垂钓时，应多用素饵，而在瘦水塘垂钓多用荤饵。

不过，若水质过肥，水中腐殖质太多的话，水中的溶氧量也会偏小，氧气不足会影响到鱼的生长，自然也影响到鱼的食欲。因此，在肥水区进行垂钓，所用的饵料要精心，要多准备一些不同物质成分的饵料，以供鱼选择食用。

三、气温、水温情况

气温、水温也会对鱼的生活有影响。鱼也像人一样，有它最合适的水温。气温20~30℃是大多数鱼喜欢的，超过35℃时鱼基本上不吃食（少数鱼除外），低于5℃时鱼也很少活动，0℃时鱼基本停止摄食。鱼食欲旺盛时食什么都有滋味；食欲差时，对食物格外挑剔。因此，配制使用饵料时要考虑气温、水温的状况，气温高时，饵料多用素料，即多用植物性质的饵料；气温低时，多选用蚯蚓、红虫及家禽的内脏做饵料。

草鱼、鲢鱼适应高温的能力比较强，气温在37℃时仍然十分活跃，食欲不减，荤食、素食都吃，不过，食素食的量大于食荤食的量。

四、季节因素

鱼在不同的季节有着不同的生活状态，因为不同的季节有不同的气温和水温。气温、水温与配制饵料的关系可参见上面内容。

五、水域面积因素

饵料的配制也要考虑水面的大小。水域面积大，选用饵料的成分应为粗放型；水域面积小，选做配饵的原料应为精致型。这是因为水面的大小与饵料的用量成正比关系。水面大，用料自然多，若在水库、湖泊中钓鱼，多是一次用10多千克、20多千克的豆类、玉米、饼块等，这些原料价格便宜，麝香水、麝香米或酒泡小米比较昂贵，不划算；而在小池塘中垂钓，自然用质量较高的饵料。所以说，饵料的用量和质量与水域面积的大小有很大的关系，到不同类型的水域钓鱼，就应配制不同类型的饵料，水面的大小是配制饵料时应考虑的因素之一。

第三节 配制诱饵的目的

垂钓时撒诱饵的主要目的是将水塘的鱼吸引到垂钓处。除台湾钓法使用饵料的方法是“诱钓合一”，单独使用诱饵的情况比较普遍。诱饵的使用效果直接关系到能否钓到鱼。因此，使用诱饵应达到以下三个目的。

一、把鱼引诱过来

诱饵在数量上比钓饵大，因此在水中产生的影响力也较大，诱饵撒在水中，会在水中扩散，形成“立体窝”。所谓“立体窝”，就是诱饵分散在水的上、中、下层，不管哪个水层的鱼，都能很快发现并吃到诱饵。

鱼的嗅觉要比视觉灵敏，因此，钓鱼人十分注重诱饵的气味，质量好的诱饵散发出的气味能使较远距离的鱼也能循着气味游到诱饵区，这就是人们常说的“以气味诱鱼”。

还有一种方式是用颜色来吸引鱼。

鱼的视力虽然较差，但是也有辨别颜色的能力。不同颜色有不同的色波，而水有滤色作用。当某种物质进入水中后，这种物体的部分光已被水吸收，水首先吸收光波长的颜色，如红色的光波较长，所以最先被吸收去一部分；而蓝色、绿色的光波最短，被水吸收的比较少。因此，红色很容易在水中失去本色，而蓝色、绿色仍保持着本色。黄色的光波较短，在水中保持的时间较长，虽然在深水中仍显示黄色，却有些暗淡了。蓝色和绿色本来颜色就暗，再加上深水区的光线也暗，蓝色和绿色基本上与水一色了。

总的来说，在水中依然能保持亮色的颜色是黄色、橙色，我们就可以试着将诱饵的颜色制成以黄色、橙色为主的颜色。如小米、玉米糁，这些物质的颜色要比其他颜色的效果好得多。

不管是用气味诱鱼还是用颜色诱鱼，根本上都要靠诱饵的实体。颜色，是诱饵物质的颜色；气味，也是诱饵所散发出的气味，所以，诱鱼的主要手段是靠实体性的饵料诱鱼。

二、把鱼留住

实体性的饵料可分为虚饵和实饵。一般面粉、麸皮粉、豆粉、饼粉等粉末状物质称为虚的物质。这些物质入水后很容易散开，漂浮于水中，这些物质鱼儿吃起来比较费劲儿，怎么也吃不饱，但又舍不得离去。小米、大米、饼块、小麦、饭粒、玉米糁、豌豆等颗粒状物称为实体饵料。这些物质鱼儿很容易吃饱。

诱饵有好闻的气味，有鱼喜欢的亮色，鱼又可以吃到实质性的食料，因此鱼儿很容易聚集在有诱饵的地方不舍离开。好的诱饵可以诱来成群的鱼，并且能让它们长时间停留，这种状况正是钓鱼人所希望看到的。

三、吊鱼的胃口

钓鱼人投放诱饵的目的是对鱼造成一种诱惑，而不是为了把鱼喂饱。饵料投下后，再投下更为精美可口的钓饵。诱饵的质量是粗放型的。为了达到诱惑的目的，诱饵的投放量一定要恰当掌握。若是在水库、湖泊中钓鱼，可适当地多投一些诱饵；若在小池塘钓鱼，诱饵的投放量应小。也有人用酒泡小米当诱饵，效果也比较好，这是因为小米的颗粒小，鱼吃着费力，但是小米是很多鱼都喜欢的食料，所以鱼舍不得离开诱饵区。

诱饵并非只在开钓时投一次，在施钓过程中应不断地向钓点续投，续投时的投放量应比第一次少一些。若窝里不断有鱼上钩，投放的时间间隔可稍微延长一些。

第四节 如何配制香饵

一、配制的方法

（一）先泡后用

用曲酒泡小米、细碎米。浸泡时间越长越好。现泡现用也可以，但不如经过长时间泡制的诱饵好。当然，浸泡时间应根据当时的气温情况来确定。气温低时可适当延长浸泡时间，大概需要10天；气温高时浸泡的时间可短一些，1周即可。

先把中药材切成小颗粒，然后用酒浸泡。浸泡中药材的时间要比浸泡小米的时间长，由于中药材制成的饵料用量较小，通常是先将饵料拌好，临用前向饵料中滴几滴酒即可。因为香味很浓，使用量多反而不理想，饵料的香味会有刺鼻的感觉。

桂花、茉莉、蒜末也可以先用酒浸泡一段时间，然后再用。

（二）熬煮有香味的中药材

除了用酒泡，也可以熬煮，经过熬煮后，药味溶于水中，随后将熬好的汁拌入饵料中。此法简单，随时熬随时用，比用酒泡节省时间。但是熬煮法也有其不足之处，煮好的汁液不易存储，过几天会变质。就存放讲，不如用酒泡。另外熬煮时宜用小火，像人们熬中药一样，煮开以后就用文火，不宜用大火快煮。

（三）拌和法

有些含有香饵的物质可以直接拌到饵料中。如曲酒、啤酒、香精、芝麻酱、芝麻粉等，中药材如丁香、细辛等先粉碎成细粉状，然后拌入饵抖中。米酒也可以直接拌入饵料中。

（四）烘炒

皮粉、饼料粉、芝麻粉、糠粉、豆粉都可以用火烘炒，这些物质经过烘炒后就会很香。

（五）焐闷

无论是将香料直接拌入饵料还是先用酒浸泡，使用之前都应扎紧袋口，捂闷一段时间。气温高时，捂闷时间短一些；气温低时，捂闷时间应长一些。其原理是让香味完全渗到饵料中，其香味均匀，增加诱色，这样钓鱼的效果好。大蒜香味独特，使用时将蒜捣碎，略加一点水拌和，然后倒进饵料中。

二、可用来配制香饵的香料

由于鱼对气味较敏感，人们做的饵料往往比较香。事实证明，富有香气的饵料——无论是诱饵或是钓饵，钓到鱼的机会比用没有香味的饵料多，尤其是钓草鱼、鲫鱼、鲤鱼，使用香饵效果特别好。

那么钓友们通常用哪种材料制作香饵呢？

（一）酒类

酒一般用粮食发酵而成，具有独特的香味。因此，可以用白酒直接兑到饵料中，这样饵料就有了香味。

也可以采用酒浸泡的方法，如泡小米、泡玉米糁、泡大米。

酒泡中药材形成的药酒，其香味更浓。

用米酒直接调拌诱饵，效果要比用白酒好得多。因为米酒的香味浓，又带有微微的酸味和甜味。

市场上有做好的米酒出售，也可自己酿制。用普通的大米即可酿制，用糯米效果更好。将米饭煮熟，注意不要加水过多，熟的米饭应呈颗粒状，而不是发黏，煮好后晾到八成凉，再把适量研成粉末状的酒曲加到米饭中，拌匀，随后装入一只干净的容器中，用铲子将米饭拍平拍实，然后加盖、包严，用棉被等保暖的东西包裹。夏天一般需要两三天的时间就可酿造成功，秋、冬季需要的时间比较长，需 3~5 天。酿制好的米酒放入冰箱，随用随取。取米酒时要用干净的勺子，这样米酒可保存半个月以上不变质。

红葡萄酒也是制作饵料的不错原料，因为红葡萄酒同样具有香甜微酸的特点。

有的钓鱼者会用啤酒来配制饵料，效果也不错。啤酒具有独特的气味，有些鱼类很喜欢这种气味，因此用啤酒浸泡颗粒饵料做钓饵、诱饵也会有很好的效果。用作钓饵主要是配制糟食饵，用于炸弹钩。

啤酒还可用作蘸饵，用一个干净的容器，倒些啤酒，在钩上挂了饵料后，蘸些啤酒，再投入水中。糟食饵团也可蘸啤酒，蚯蚓类钓饵蘸啤酒后效果也很好。

使用酒配制香饵需要注意以下几种情况。

（1）不要同时使用多种酒，多种酒混合后的酒香有一种怪怪的味，反而会使鱼类避而远之，用此钓鱼效果肯定不好。

（2）并非越香越好。也就是说，要注意香气的浓淡度，闻着应该是略有香气，而不是浓得刺鼻的香气。

（3）制作饵料所用的酒并非价格越高越好。钓鱼毕竟是一种娱乐性的活动，用太贵的酒会造成浪费。当然，酒的质量太差也不行，劣质酒所散发出的香味不纯正，有刺鼻的苦辣味，不讨鱼的喜欢。用普通曲酒就行了。

（二）果酱类、果汁类

有些果酱也有特殊的香味，也是配制饵料的好选择。如芝麻酱及榨过油的酱渣都是很好的香料。

果汁也可用来配制饵料，因为果汁也含有香味。

香油能够散发出特殊的香味，是配制饵料的上等香料，钓鲤鱼、鲫鱼效果不错。

（三）香水类、香精类

也可以用香水、香精来配制饵料，效果尤佳。食用香精种类较多，香型也不一样，如苹果香型、荔枝香型、橘子香型、香蕉香型。香精浓度越高，香味越浓，因此在使用时应注意用量。香草香型和香兰素香型是制作钓饵时用得较多的香精。

有些香水的浓度比香精还要高，用的时候一定要把握住量，用得太多的话，会适得其反。为了把握浓度，可事先稀释一下，以降低其浓度，用的时候就容易把握了。

香精、香水也可以用来蘸饵。在曲酒中滴一些香水，也起到了稀释香水的作用，用来蘸饵料，香度合适。

（四）粉末类香料

粉末类的香料最大的好处是可以随意使用，剩料易长久保存，既实用又方便。

粉末类香料就是把有芳香气味的物质粉碎成粉末状。很多中药材都有香味，细辛、木香、丁香、大茴叶、排草等都有特殊香味。这些材料只要研碎即可，用量大的话，可请中药店代为加工。

豌豆、蚕豆经过烘炒，也能够散发浓郁的香味，先炒熟再粉碎或者粉碎了再炒熟均行。随后拌入饼粉中使用，钓鲫鱼的效果尤佳。这些粉也可做蘸饵粉。

做饭用的调味料也可以添加到饵料中，如“五香粉”“十三香”“满口香”等。

也有很多钓友将芝麻炒熟后研成粉末，拌入饵料中，无论是做诱饵，还是做钓饵、蘸饵都非常有效。

（五）鲜植物香料

许多植物本身也有香味，包括蔬菜、水果。如香草、大茴叶、鲜紫苏、荆芥、香瓜（瓜瓤）。将这些物质剁碎取汁，掺入饵料中，使得饵料也带有植物的香味。香瓜瓤（甜瓜）特别香，又有黏液，配制面粉类饵料很是方便。

生蒜或糠蒜都有很突出的气味，这些物质散发出的特殊气味受到许多鱼的喜欢，尤其是拌入诱饵中诱鱼效果十分好。有位钓鱼经验丰富的钓友说，在饵料中加蒜瓣汁，诱鱼效果很是突出。使用蒜瓣的方法是：在配制好饵料后，取几瓣新鲜的蒜头，捣碎出汁，随后倒入饵料中进行搅拌，扎紧袋口就行了。出门前拌好，到了钓点，解开袋口，香气十分明显。

第五节 如何配制酸饵

有些鱼的食性比较特殊，喜欢带有酸味的饵料，如鲢鱼。某些水域中的鲫鱼、鲤鱼也食酸性饵。

通常情况下，只要人可以食用的、带有酸味的物质，大多可以制成酸饵。

用饼粉、豆粉、麸皮、米糠、玉米面、酒曲等发酵的饵料既有酸味又有香味，是钓鲢鱼的主要饵料。

添加食用醋也是制作酸饵的常用方式，但其味仅有酸味缺少香味，因此，在制作过程中应再加些香精或者麻油之类的香料，效果会更好。

每次钓鱼用剩的饵料不要扔掉，可再加些剩米饭之类的物质装进塑料袋，密封好，存放几天后便是很好的酸饵。如果饵料太酸，要用些饼、粉类物质降低酸度。装袋时一定要洁净。开袋时若发现饵料长白毛、发霉，说明饵料已经变质，弃之不用。

也可用带酸味的果子，如李子、樱桃、菠萝、苹果、葡萄、草莓、杨梅等，捣碎，取其小颗粒及果汁加入饵料中。

蔬菜类如西红柿、糖蒜水等是十分有效的酸味添加剂。这些东西获取方便，而且卫生。

也可以用带酸味的各种饮料，如橙汁、椰子汁、酸奶、菠萝汁等，直接取适量添加到饵料中，效果也不错。

一、长效酸饵的配制

长效酸饵的优越性明显，可节省配制时间，免去了随配随用的麻烦。

长效酸饵所选用的原料经过发酵法配制，然后盛入容器或装入塑料袋中密封，放到太阳底下暴晒，若是冬天也不必担心冰冻问题，由于是密封，原料不会变质。取用时，用干净的勺子根据需要取出一部分，其余的仍密封。一般秋、冬天发酵的饵料用到来年夏天不成问题。经过发酵的酸饵可用作基础饵。在配制饵料时，只加一些发酵饵就行了。

二、用老面肥配制酸饵

面肥，俗称“酵子”，是发酵的添加剂。面肥制作过程如下：用一个洁净的盆加入面粉，再用适量的水搅拌成面糊状，盖上盖，几天后即可得到面肥。继续放更长一段时间，等到面肥发出酸中带臭的气味，作为钓鲢鱼的钓饵，效果尤佳。

面肥放置时间长，大部分水分流失，成块状。用时加水浸泡，加入面粉中揉拌，老面肥就起了酵母的作用。用面肥发酵的饵料不但有酸味，还有特殊香味。

面肥可以用作蘸饵。将面肥稀释成糊状，装入容器。钩上挂饵后蘸些面肥，有明显的钓获效果。

将面肥加入麸皮、饼粉等拌作饵料，可制成钓鲢鱼、鳙鱼的钓饵，也可用作诱饵。

三、混合法配制酸饵

由于醋只酸不香，制作酸饵效果不佳，可加些蒜汁、糖等辅料，然后用适量水拌为又酸又甜又香的物质，再拌入饵料中，饵料自然增加了香、酸、甜的气味。只要三种原料的比例适当，同样起到发酵饵料的作用。值得注意的是，醋的用量要适度，不要太多。

四、用水果、果汁配制酸饵

很多水果带有酸味，如猕猴桃、菠萝、草莓、苹果等。将这些水果榨汁或捣碎，拌入饵料中可增加饵料的酸味。同时也可加入一些带有甜味的物质，如糖、蜂蜜，使饵料增加甜味。用番茄制作酸饵，经济又实惠。饮料带酸味的也不少，并且酸中带甜，可直接兑到饵料中拌和，如橘子汁、柠檬汁等。

五、用糯米酒配制酸饵

糯米酒既有酸味，也有香甜味，要比醋拌饵的效果好。

市场上有成品糯米酒，购买方便，也可自己制作。

制作诱饵的时候，可将糯米酒连米带酒兑入饵中拌和。若是1000 克饵料，可兑 100~200 克糯米酒。

六、用馒头、面包配制酸饵

将馒头掰成小块，加入一些酒和一些水，使酒味渗透到馒头中，随后装入塑料袋扎紧。前一天晚上密封，第二天上午用。使用时可加一些麦麸粉、饼粉，兑入阿魏水，用来装炸弹钩效果确实不错。

用面包制作酸饵与用馒头制作酸饵原理一样。因为面包的酸甜味比馒头更浓，所以效果要比馒头好些。

第六节 如何配制诱钓合一饵

海竿钓因为是抛投饵团，落点不易把握，因此很少用诱饵，换句话说就是不先抛投诱饵。按说，先诱鱼再进行垂钓要比单独进行垂钓效果好，可是怎么样使用诱饵呢？有人从台湾钓法的诱钓合一的用饵法受到启发，将诱钓合一的垂钓方式用到海竿底钓法，事实证明，这种方法易于操作，获钓明显。

垂钓用的钓饵，外面粘有一层粉末状物，入水后，很快就雾化于水中，起到诱鱼作用，而钓钩上的钓饵就起到了钓鱼作用。海竿钓完全可以借用这种方法。

在炸弹钩上使用这种饵，往往只需要将钩插入饵团中，投入水中。但这样做没有诱鱼的效果，只有钓鱼的作用。其实在饵团外面再裹上一层粉状物或细颗粒物是很方便的事儿，裹上的这些粉状物或颗粒状物入水后很少和里面的饵料黏合，在水中，这些粉状物渐渐脱离饵团，散落在饵团周围，这些粉末状物质在水中扩散，起到了诱饵的作用。

一、粉状物

将适量黄豆、豌豆、蚕豆等打成粉状，加入一定量的麸皮粉，烘炒出香味，再添加一点丁香粉，也可以用调味料，如十三香粉、五香粉。搅拌均匀，密封存放。

这种粉的作用主要是用作蘸饵。

使用方法较为简单，包好饵团扎上钩后，在处理好的粉末中蘸一下，使得粉末物均匀地粘在饵团外，然后就可以抛投入水中了。

根据所钓对象的不同，可在粉中添加不同气味的添加剂。掺入含有香味的粉状物或液体，如香精、糖、食用醋等。

二、颗粒状物

先把小米、大米、碎米用酒浸泡数日。

准备适量黏液状物质，如黏米汤、面汤或糖水等。

将饵料在黏液中滚一圈，然后再放入盛酒泡小米的盒中晃动，可使饵团均匀地粘上小米等颗粒状物质。

然后将饵料挂钩，抛入水中，在水的浸泡下，小米会渐渐脱离饵团落入水中，分散在饵团的四周。小米本身带有金黄色，气味芳香，味道微甜，很容易吸引鱼儿前来聚集，鱼在吞食过程中，很容易吞咬到含钩的钓饵。

此法钓鱼效果要比没有诱饵的钓法好得多。中钩的鲫鱼相当多，即使在寒冷的冬天也会有鱼咬钩。

第七节 如何配制腥味饵和怪味饵

有些鱼食性比较怪癖，偏好腥臭味、怪味的食物，例如鲇鱼、甲鱼、无鳞鱼、黄鳝等。鲢鱼、乌鳢有时也会改变口味吞食腥臭味的饵。若是欲钓这些鱼，或是知道哪个水域中这些鱼多，可携带一些特制的臭饵。

制作腥臭味的饵料原材料比较广泛。

取家禽家畜内脏剁碎，密封几天便可令其发出腥臭味，可直接使用于钓甲鱼、鲇鱼，也可拌入其他饵料中，如与米糠、饼末、麦麸、小米、玉米糁等拌在一起使用。

也可将家禽家畜内脏、吃剩下的猪骨头、鱼肠、鳃装入罐子，也可加些水果皮，然后加水盖严。经过十多天的时间，罐中的水变成臭水。使用时，取一些臭水加入粉末状、颗粒状的饵料中，即可制成很好的腥臭饵，用来钓鲇鱼、鲶鱼、甲鱼效果均不错。

虾粉、鱼粉、骨粉，这些粉带有很浓的腥味，可以直接加到饵料里，比较方便。这些腥粉在一般的商店里都有出售。

将麸皮、粉类配一些剩饭粒、鱼水、骨头水，混合装进塑料袋，密封，放在太阳底下，几天后就会腐烂发臭，可用来制成臭饵。

臭鸡蛋也可拌入麦麸中制成腥臭饵。

市场上卖的臭豆腐也有很浓的臭味，可直接与白面、玉米面揉捏成团，用作诱饵、钓饵均可，用作钓饵更佳。

阿魏水拌饵。阿魏是一种中药，价格便宜，只用很少一点儿便能起到一定的效果。将阿魏用适量水浸泡，搅碎成水液，然后拌入饵料即可制成臭饵。也可以将饵团挂在钩上，放到阿魏水中蘸一下，使得饵团带有一定的臭味，因此，这种方法比较灵活。

阿魏有微量毒性，用时要把握好量，避免污染水质，对鱼、对人造成危害。

并非一切有腥臭味的东西都可用来配制钓饵。发出臭味的物质多是不干净的，对环境和水质造成污染，人体接触这些物质也会有副作用。因此，要科学合理地运用臭饵，避免选用刺激味大的原料配制饵料。

第八节 如何配制药米饵

酒泡中药材加小米、大米，是淡水钓鱼用得最为广泛的诱饵，诱鱼效果较佳，并且原料价格较便宜，配制方法简便，很多人会选用这种饵料。这种饵料钓鲫鱼、鲤鱼、草鱼效果最好。

具体配制方法是：选用 3~5 味中药材，每种 15~20 克，大块茎的中药材要切成小粒，用一个干净带盖子的容器装入 800~1000 克普通白酒，再放入中药材，盖严盖子。

另备一个瓶子，装进大半瓶小米或大米、碎米，然后将浸泡的中药酒倒入此瓶中，淹没瓶中米即可。切忌兑入水，否则会使小米变质。

用酒泡过的小米搁置 3~5 天即可使用。

使用方法有以下三种。

（1）将酒泡小米掺入麦麸、饼粉中混合使用。

（2）单用酒泡小米做诱饵。用量要适度，一次有小乒乓球那么大一团即可。

(3) 在饵团外粘些酒泡小米。

这三种方法用得比较多。若钓鲫鱼，以单用酒泡小米为首选方法。

值得注意的是，不要直接用手抓小米，因为钓鱼者手上可能带有异味，如果混合到饵料中会对鱼产生不良刺激，适得其反，使垂钓效果不佳。正确做法是直接往饵料中倒小米。

第九节 如何用酒泡中药液

恰当掌握药液的用量是使用酒泡中药液比较重要的技巧。

一般操作方法如下：出门垂钓前，将拌好的麸粉、饼粉类饵料装入袋中，往饵料袋中滴几滴药液，然后再将饵料拌和，扎紧袋口。等到达目的地后，含有药液的饵料会散发出扑鼻的香味。

另一种方法是将药液作为蘸饵。钩上挂了饵料后，在装有药液的容器中蘸一下，然后将钩慢慢投入水中。

药液的用量与其浓度是成反比的，药液浓度高，用量就适当减少，或者进行稀释再用；若药液浓度不高，可增大用量。药液的浓度的掌握，以用鼻子闻不到刺激味为佳。

第十节 如何配制黏饵

黏饵，是用液体和粉状物调拌成的面糊状饵料。通常是先挂上钓饵，如蚯蚓、红虫、面团等钓饵，再往有黏饵的容器中粘一些面糊状的黏饵，随后将钩投入水中。

这种黏饵入水后，有一部分会在水中散落，起到诱鱼的作用；粘在钓饵上的另一部分黏饵则起到食饵的作用。

用作黏饵的饵料也带有一定的味道，或香，或甜，或酸，或腥臭。在制作黏饵的过程中，要注意饵料最好有一定的黏度，这样可以减少饵团入水后雾化的速度，使饵团可以沉入水底。有黏度，每次粘的黏饵多，不然黏饵很稀，每次粘的黏饵少，入水后雾化去一些，饵团上的黏饵就会变得更少了。为了增加黏饵的黏度，可添加一些有黏性的物质，如蜂蜜、芝麻酱，也可用浓度高的糖水。

黏饵通常用敞口的瓶装。本着节省的原则，一次调配黏饵的量不要太大，如果是钓一整天鱼的话，有 150~200 毫升足够。可多带一些干料，方便黏饵用完时再调配。

第十一节　如何配制蘸饵

蘸饵与黏饵不同的是，黏饵是糊糊状的物质，而蘸饵是粉末状的物质。两种饵在用法上大同小异，都是将挂好的饵料再粘上一层饵。由于蘸饵的质量高，又有气味，很得鱼儿的喜爱。况且，粉末状饵入水后，在水的作用下散落在各个水层，有很好的诱鱼作用。因此，蘸饵是钓鱼人用得最多的饵料，用蘸饵多选择静水、小水面为钓点，尤其是在公园里的鱼池钓鱼，因为去钓的人多，使用的饵料质量也很高，因此鱼比较刁，不好钓，采用诱饵效果就好得多。

蘸饵还有一个优点是，不会浪费。因为蘸饵多是粉末状，即使剩下也可以下次再用，不会像黏饵那样，时间一长就会变质。

选用何种粉要依据所钓的对象而定。一般蘸饵用蚕豆粉、豌豆粉、细芝麻粉制成，也可以添加鱼粉、细辛粉、丁香粉及调味品十三香等。

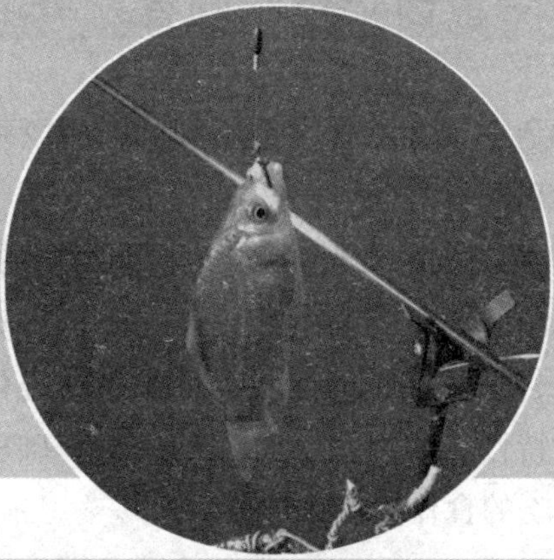

第五章

鱼饵的巧用

第一节 用饵原则

一、因“鱼”制宜

因为不同种类的鱼，其天然食性是不同的，所以垂钓用饵要因“鱼”制宜。例如，鲤鱼是以动物性为主的杂食性鱼类，草鱼、鳊鱼以吃草为主，鲢鱼吃浮游植物，鲫鱼是以植物性为主的杂食性鱼类，鳙鱼吃浮游动物，鲶鱼、鳜鱼等肉食性鱼类吃小鱼小虾。各种鱼的天然食性具有遗传性，是其品种的属性，也是生物进化的结果，是鱼类适应环境形成的特性。因“鱼”制宜的理论基础就是，想钓某种鱼就要用该种鱼喜吃的食作为饵。

二、因地制宜

因为在不同的水体中，即使是同一种鱼，其食性的喜好也是有差别的，所以垂钓用饵要因地制宜，这也是钓友们常说的“一方水土养一方鱼”的道理。鱼的食性虽然具有相对的稳定性，但因为气候条件、地质状况、地理环境等的不同，不同水体中的饵料生物是不同的。为了生存需要，鱼要不断摄取食物，而且其摄食的只能是其所生活的水体中存在的食物，因而不同水体中的同一种鱼也会有一定的食性差异。在养殖水体中，由于水体中天然饵料不能满足鱼类的摄食需求，需要大量投喂人工饲料，不同的养殖水体投喂的饲料种类不同，因而造成食性差异。

吸引鱼吞吃的原因是该食物中所含的某种能激起鱼类摄食欲望的化学物质，而并不仅仅是因为喜吃某种具体的食物。只要食物口感较好（一般以柔软为佳），其中含有能激起鱼类摄食欲望的化学物质，即使不是该种鱼类天然食性中的组成部分，也会引起该种鱼类的吞食。所以，鱼类的食性有着较大的可塑性，也存在着一定的变异性。垂钓用饵时，必须考虑具体某一水体鱼的实际饵料来源，并以此为依据，针对性地用饵，不能过于拘于鱼的天然食性。

第二节 用饵技巧

一、注重钓前调查

一般来到钓场的高手都不急于开钓，通常会与钓场老板聊聊，喜欢围着钓场转转，看看钓友的用饵情况和成绩，如果有充裕的时间，也会与钓友聊上一小会儿，其实这就是在做钓前调查。虽然钓前调查会占用一点垂钓的时间，但这项功课是值得做的。通过进行简单的钓前调查，可对该钓场中鱼的种类、钓场环境、投喂状况、垂钓成绩与饵料种类的关系等有所了解，心中有数就能加强针对性，可投其所好，用饵也就容易对路了，垂钓的效果自然就有了保障。

二、灵活调整、及时换饵

通过钓前调查，可以对钓场里的鱼的口味有个大致了解。如果上鱼情况不佳，判断出现偏差，要及时进行钓饵种类的更换。一般来说，钓点有鱼星但不怎么咬钩，可以考虑更换钓饵的种类。如果钓点没有鱼星，漂也没有动，很有可能是钓饵和鱼的口味相差过远，应立即换饵。如果进行换饵后依然上鱼不佳，很有可能是选择的钓位不当，应换个钓点再钓。高手钓鱼往往会带有多种不同性质的钓饵，有的是基础料的本味，有的腥，有的香。备足各种类型的钓饵，就可根据分析判断和实际上鱼情况灵活选用。

台钓的商品钓饵采取的是成品路线，将诱食剂与基础料合二为一，除了作为诱食剂的香精，说明书上显示有某些高效的诱食剂添加在内，但对诱食剂的类型并没有详细说明。台钓商品钓饵的味型以香为主，常见的香型有奶香、草莓香、椰香等。由于添加了香精，台钓商品钓饵闻起来香喷喷的。由于无法了解商品饵的诱鱼成分，也就不能科学地对各种商品饵进行搭配，因而宜按照厂家的指导去运用台钓商品饵，这就限制用饵的自由发挥空间。如果能将基础料与诱食剂分开，根据钓场的实际鱼情来灵活调配，则可使用饵的针对性增强，可以更加科学地使用饵，也可多一份 DIY 垂钓的乐趣。

第三节 使用诱饵的注意事项

一、确定钓位后再投诱饵

首先要观察周边情况。如果岸边树木多、乱草多、头顶有电线或者地势过于陡峭、岸边与水面落差太大等，这些地方都不是适宜进行垂钓的地方。同时应该将水中的情况考虑进去，如水中有倾倒的树木或水草太多，这样的水域也不宜作为钓点。

其次要测试。将钩线投入水中，对水的深浅进行测试。有些看上去很好的水面，水色呈青绿色或灰黄色，甚至还长有一些水草，然而用钓钩一试，水深不足50厘米，显然水太浅了，此处没有鱼。所以，必须在投放诱饵之前，先进行水深测试。

再次要多走走，多转转。必须沿岸边多走多转，要到面积较大的水域垂钓。有时，感觉某处可以作为钓点，可再往别处走一走，可能发现别处的环境比这里更好，如果不多转转走走，很容易失去最佳钓点。

另外，急于抢钓位、投诱饵，会引起钓友们的反感，是一种不文明行为。

二、要用打窝器投放诱饵

有些钓鱼者将诱饵团直接用钩挂着，将钩放入水中后再抖动竿梢，使饵团脱钩入底，并且连续多次投饵。在投放诱饵时，台湾钓法就是这样做的。若用手直接抛投诱饵，饵团入水响声太大，会惊吓水中的鱼，所以该方法并不可取，而用得最多的还是用打窝器投放诱饵。

三、掌握好诱饵的用量

掌握诱饵的用量是有技巧的。大则可以成袋地投入水中，小则如鸡蛋大一团足矣。水的深浅，水面的大小及气温的情况是确定诱饵用量的根本依据。

若在水库、湖泊中钓鱼，诱饵可用数千克重的量甚至更大的量，若在小型池塘钓鲫鱼、罗非鱼，诱饵团有鸡蛋大一团就可以了。其道理就是饵团小了影响小，不易被鱼发现。

还可以用家禽家畜的内脏、骨头做诱饵投入水中。因为所投的东西经久耐泡，有较长的使用效果，所以可多天连续垂钓，诱鱼的效果也非常好。

四、要连续不断地投放诱饵

如果有鱼在投放诱饵后进窝，钓获了鱼，为了吸引鱼继续进窝，就需要继续不断地投撒饵料，这叫“补窝”。补窝通常在1个小时左右就应进行一次。补窝的诱饵量不宜太多，应比第一次的投放量小，避免鱼吃饱了诱饵不吃钓饵。让鱼感到窝里虽有饵料，可怎么也吃不饱，而不舍得离开，这就是所谓的“吊鱼的胃口”。有的钓鱼人将诱饵用窗纱网包住，以达到这种效果，饵料在网袋中，鱼吃得更少，水浪也冲不散，还可避免小鱼闹窝，确实不失为一个好办法。

五、可同时在多处撒饵

如果是一个没来过钓场，对钓场的鱼情、水情并不太熟悉的钓友，可以在多处同时撒饵。通常以3~4个地点为宜，各地点之间应有一定的距离，而且应选水深不一、水面情况不一的多个钓点。因为此时的钓鱼者还不知道哪个地方适合，就应该先进行“侦察、摸索”。如果在第一个钓点没有鱼上钩，就到第二个、第三个钓点试钓，将有鱼上钩的钓点选中作为重点。这样做的好处是不必等到第一个钓点无鱼了再找新钓点再投饵，可以节约时间。因为从投饵到上鱼，即使在春天，有时鱼要游过来也需要半个小时以上的时间。若是冬天，则需要更长的时间。当然，投饵的钓点也不能太多，避免浪费饵料。通常投放3~4个钓点。

六、一个钓点，多处撒饵

若在大水面垂钓，还可以在同一钓点做多个窝子，撒多处饵，使窝点之间形成片状，以扩大诱鱼的范围，然后可以在多个窝子轮流垂钓。为了避免人站起活动，惊跑水中的鱼，人不必挪位，只是将钓竿伸进不同窝子即可，同时也可以减少人的体力消耗。

七、可用网状袋投入诱饵

节约用饵的一个好方法就是用网状袋投放诱饵。具体操作方法是，用旧蚊帐布、尼龙窗纱或尼龙袜缝个小袋子，将诱饵装在里面，小袋子外面系上一根长线，然后在钓点投入网袋诱饵。如果此处没有鱼，就将诱饵提线收起，再另找一个钓点投放。这样做，很显然可以节省诱饵，诱饵在网袋里，鱼只闻到气味，吃到很少的饵料，网袋饵起到了吊鱼的胃口的作用。

使用网袋诱饵要注意的是：为了避免钩子挂住了网袋，下钩时应与网袋保持一定距离。

八、巧做“窝外窝”

在投放了诱饵后的主窝四周再投撒很少的饵料就是所谓的“窝外窝”。

做窝外窝的好处是可以扩大主窝诱饵的影响。鱼在游动时最先发现的是主窝外的零散的饵料，然后会循着饵料游到主窝里。主窝里的气味浓，且鱼饵的质量高，饵料多，鱼会聚集在主窝很长时间，不会游走，便于垂钓。

九、根据气温投放诱饵

气温的高低对鱼的食欲有着直接影响。当气温在20~25℃时，是鱼食欲旺盛且最为活跃的时期，这时鱼的需食量会增加。如果是在这种气温下钓鱼，为了满足鱼的需求，诱饵的投放量要大一些。如果在37℃以上或5℃以下的气温条件，鱼基本上已经停止进食，这时垂钓可以少投放一些诱饵。按季节讲，春季、秋季用饵量宜大，夏季、冬季用饵量宜小。另外，早春和晚秋的气温也不高，用饵量不宜过大。

十、根据水质投放诱饵

水有肥水、瘦水之分。所谓肥水，就是指水中的各种微生物多，植物在水中腐烂后形成的腐殖质多，有的是鸭鹅排泄了大量的粪便，也有的是从水域周边流入的肥水，养鱼主用家禽粪、牲畜粪（如鸽子粪、鸡粪）喂鱼，使水变肥。瘦水所含的各种微生物和腐殖质少。对于瘦水，投入的诱饵量宜大；对于肥水，所含的投入的诱饵量宜小。

第四节 真饵钓

动物性饵料、植物性饵料及两者混合加工制作的饵料的统称，就是真饵。植物性饵料简称素饵，有面粉粒、麦粒、玉米粒、熟番薯丁、米饭粒、熟南瓜块、熟马铃薯丁、米糕、馒头、面包、草叶、南瓜花、桑葚、柚子籽等数百种，主要用以钓取草鱼、鳊鱼、鲫鱼、鲤鱼、鳟鱼、鳃鱼等草食性鱼和杂食性鱼，在一定条件下，也可钓鳙鱼、青鱼，但不适合钓鲶鱼、黄鳔、黑鱼、鳃鱼、鳜鱼等肉食性鱼。动物性饵料简称荤饵，有蚕蛾、蛆、虾、蚯蚓、小鱼、沙蚕、面包虫、鱼肉、牛羊肉、猪肝、螺蛳肉、红虫等十几种，主要用以钓取肉食性鱼，如淡水中的鳜鱼、鲶鱼、狗鱼、黄鲦、黑鱼、青鱼及海洋中的剑鱼、鲨鱼、金枪鱼、鳕鱼、鲷鱼、海鳗等，也可用来钓取杂食性鱼，在一定条件下，亦可钓到少数浮游生物食性鱼、草食性鱼。混合制作的饵料讲究味、色、形，有片饵、颗粒饵、糟饵、粉饵等多种，如台钓饵，它是片饵、粉饵中的代表，以植物根茎和种子为主混合加工成粉状，加水糅和成诱钓合一饵，主钓鳊鱼、罗非鱼、鲫鱼等；适当加入些虾粉、鱼粉、香精等添加剂，亦可钓浮游生物食性鱼和肉食性鱼。这些不同的添加剂犹如葱、姜、蒜、辣椒、咖喱、醋、面酱、茴香等调料一样，加入一两味或多味就可以做出上好的饵。钓鱼人就是“烹调师”，他的“厨艺”越高超，所调制的饵的上钩率就越高。

一、饭粒、麦粒沉底钓

这是用传统饵的钓鱼方法，用于钓取中小型淡水鱼。台钓法进入大陆前，南北方钓鱼人使用最多的素饵就是饭粒、麦粒，除此之外，还会常用柚子籽和苞米粒等整粒挂钩使用，主要用于手竿沉底钓，钓取鲴鱼、鲤鱼、鳊鱼、草鱼、青鱼、鲮鱼、鲫鱼、鲃鱼等。

用饭粒、麦粒钓，多用小钩、软手竿、细线，多在河湖湾水草丛中或池塘或浅滩聚鱼处垂钓。饭粒以新粳米为佳，糯米、籼米皆不适用。糯米太黏，挂钩时粘手，鱼吞食时不易离钩；籼米长形，黏性差，生长期短，饭粒煮久后挂钩容易离钩而去；而新粳米粒大，香味足，黏性好，装钩容易，鱼吞食方便。以当日蒸煮的新粳米饭最好，如果要第二天使用，可以用塑料袋将其密封，放到冰箱内冷藏，使用效果也好。

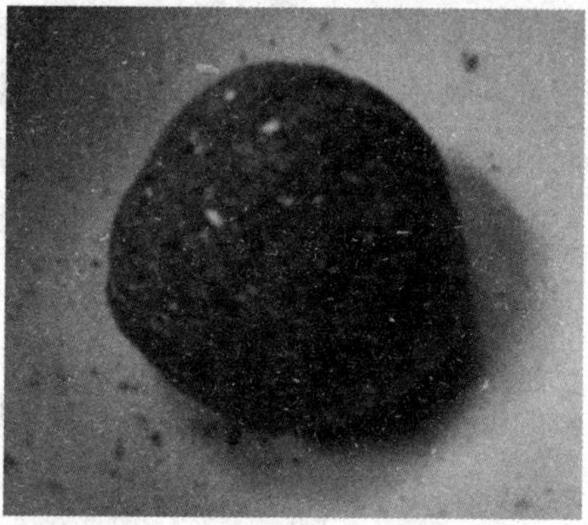

麦粒以小麦为佳，最好使用新鲜的小麦。使用前要让小麦吸水膨胀，约膨大1倍，不可太硬，也不可太烂，软硬适中，麦香味足，这样鱼的吃钩率就会高。用一粒饭或麦粒装钩，钩不可外露，可沉底钓或悬钓餐鱼、鳑鲏、鲴鱼、小鲤鱼、鲫鱼等100克左右的小型鱼，浮标只要上或下移动1~2厘米，起竿即可得鱼，吃钩快捷。用3~5粒穿钩，将钩体全部盖住，可钓250克以上的鲫鱼、鳊鱼、1~3千克的鲤鱼，有时还会有小青鱼来吃钩。以前很多钓鱼者用大钩抛竿钓，几乎不用饭粒钓，有的地区的钓鱼人创新，在炸弹钩上捏上新粳米饭团施钓，钓到了5千克以上的草鱼、鲤鱼、青鱼。

用来钓鱼的苞米粒有两种：一种是已长成形，灌浆结束尚未变硬的嫩粒，即嫩苞米，摘下挂钩沉底钓鲤鱼、鳊鱼、鲫鱼、草鱼等皆可；另一种是深秋以后变硬的玉米粒，这种就需要煮熟后挂钩使用。这里所说的玉米粒，为糯质型和甜质型两种，人可以生吃和煮或蒸熟吃，不是传统的马齿型、粉质型、硬粒型玉米，后几种只能在老了以后磨成粉做诱饵和钓饵。

二、种子粉末捏团钓

用植物种子磨成粉后，只要黏性强，皆可调和捏团垂钓，有的饵使用一种单纯的料，有的用多种料进行调制，有的还会将适量香甜味的添加剂加入进去混合使用。台湾钓法使用的粉饵，就是利用种子粉末混合捏团掐粒使用的典型。淡水中静水底钓，手竿、抛竿等皆可使用种子粉末捏团来钓鱼，以手竿为主，主要钓取杂食性鱼和草食性鱼。如果在粉末中掺和进糟类饲料或动物尸体粉末，可钓取肉食性鱼和浮游生物食性鱼。

鳊鱼、草鱼、鲤鱼、鲫鱼及黄鳍鲌、鲴鱼、花鲳、餐鱼、鲮鱼等杂食性和草食性鱼分布广，数量多，人们喜钓，也喜食。因为粉末饵入水后容易散离钩，所以用这种饵多采用静水底钓的方法垂钓，不适合使用拖钓法。使用植物种子捏团可钓中小型鱼，灵活方便。要钓大鱼，那就捏乒乓球大小的团使用，或捏成玻璃弹珠大的团使用，用大钩、粗线，用手竿、抛竿皆可。如果是钓小鱼，可以使用细线、小钩，或者掐粒比饭米粒稍大些使用，可钓小鲫鱼、餐鱼、鳑鲏鱼、麦穗鱼。垂钓时，随水中鱼儿口味的变化改变粉末成分，或甜或香，或腥或酸，视水中鱼儿的大小捏团掐粒，千方百计诱鱼上钩。

三、植物粉末发酵钓

将植物种子发酵制成酸味或臭味的饵料。我们日常食用的米糕、酒酿、腐乳、臭豆腐、毛豆腐及馒头等都属发酵食品，鱼平时吃植物种子、动物尸体、淡味草及一些香甜类的食物，偶尔也会吃到臭的或酸的发酵食物。一些钓鱼者发现，在垂钓中如果只施撒香甜诱饵，一直诱不来鱼，即使来了也不吞钩，这时用发酵饵挂钩垂钓，或将发酵诱饵撒入，就会一下子涌来很多鱼儿，而且有很高的吃钩率。夏天钓鱼时，诱饵在阳光下放置久了，发酵变酸，种子粉末调制的饵团也是这样。有的钓鱼者往往弃之不用，以为饵变坏了，再重新进行香甜饵的调制；有的钓鱼者则照常使用这种馊酵饵撒窝子钓鱼，结果钓鱼效果很好。实践证明，酸饵在诱鱼方面有其特殊的效果，不可小视。

发酵酸臭饵的加工制作是在香甜型饵的基础上进行的，主料仍是麸皮、米糠、豆渣、菜籽饼、豆饼等植物粉末或植物加工后的副产品。做手竿钓饵的植物粉末多为面粉、米粉等精细粉末。制作时，将酵母或酒药、酸奶、酒酿、腐乳汁等含有菌的添加剂加入粉末料内，使之发酵，产生酸甜味或香甜味、酸臭味、酸腥味。发酵钓饵有两种类型：一种是经乳酸菌发酵产生酸，发酵过程是通过酶来进行的；另一种是用植物种子和根茎粉末经酵母菌分解产生酒精。酸甜味饵是用酱渣、糖渣或醋渣拌饵料后，再加入 2 块酵母（如没有，可用一个生馒头代替）糅混均匀，密封 3~5 天即成，也可在已制成的香甜饵中倒入 50~100 克米醋拌和密封制作。香甜型发酵饵就是在料中加入白酒或酒酿、酒药，发酵后产生香甜味。腥香味饵是在香甜饵中放入捣烂的鱼肉、虾肉、蚌肉、蚯蚓肉，拌匀制成。钓鱼时，如鱼不食酸甜型、香甜型饵，就可以将适量的虾粉或鱼粉、蚕蛹粉、蚯蚓粉等倒入饵料中拌匀使用。以上三种糟饵用炸弹钩抛远沉底钓，可钓取鲫鱼、鳊鱼、鲤鱼、草鱼、青鱼等，使用效果好。

长期以来，人们觉得鲢鱼、鳙鱼不好钓。在钓鱼实践中，要结合天气、水情、鱼情等来决定酸臭饵的使用，目前被广泛使用的有酸甜饵、微臭饵、药臭饵、辛辣饵等十多种，如发酵馒头的面肥饵、糖蒜汤拌饵、白酒糟拌饵、玉米面发酵的微酸饵、黄酒糟饵、豆腐渣酵饵、酸奶蘸饵、果酱拌饵、酸豆汁饵、臭鸡蛋拌饵、臭豆腐汁拌饵、中药阿魏饵、米饭发酵臭饵、蒜泥发臭拌饵、米醋拌饵、藻饵等。这些饵不仅可用来沉底钓，还可以用来飞钩浮钓。

四、菜叶嫩草浮钓

用油菜、青菜、包菜、南瓜的嫩叶及花、番薯的嫩叶等陆生和水生植物的嫩叶、嫩茎，麦、稻、黍、粟的嫩叶等做钓饵，浮钓草食性鱼，是春末和夏日钓鱼者常用的钓鱼方法。

用菜叶嫩草为饵，用手竿、抛竿钓皆可。手竿长6.3米以上，最好8米以上。线略粗，一般用3号线；钩略大，一般用10号钩，将1只大浮标夹放在钩子上方20~50厘米处。抛竿也是一竿一钩，为了能抛得远，且可放线与鱼周旋，为钓到大鱼，钩体需要更大些，一般为13~15号。钓位皆取上风头，顺风抛钩。钓前可顺风撒干麸皮、面包屑及碎草等漂浮诱饵，以诱鱼前来吃钩。

夏日、初秋，许多钓鱼人最喜欢使用韭菜做钓饵，钓鳊鱼、草鱼及上浮的鲫鱼。韭菜嫩而香，随割随长，杂食性与草食性鱼儿最爱吃。将长长的韭菜叶卷曲成2厘米长的长方形，菜叶尖留5厘米左右的“尾巴”，将其穿于钩子上抛入水中，韭菜的香味就会向水表不断渗透，就会有一些草食性鱼争相来食。韭菜叶小而细，鳊鱼、鲫鱼、鲴鱼、鲤鱼、小草鱼等上浮啄食。钓鱼者看到浮漂动时，应慢慢等待，不必着急，即使等到鱼将钩和韭菜一起吞进嘴里，浮漂下沉时，仍然不要提竿，要继续等待。因为很多时候几条鱼在一起争抢，吃饵的鱼只咬着下垂的韭菜叶下潜，钩未进嘴。通常需要等上6~10秒，浮漂不再上冒，线在走动，方可提竿，这时就将鱼钓住了。钓到的草鱼最大不过1000克，多是250~500克的小鱼。通常在钓鱼的地域都会有麦草，截取半截麦草的嫩叶，3~5根为一束，绕弯打两个结，留10多厘米长的草尖于结后，将钩穿进扣处。麦草是草鱼的最爱，往往草鱼会从草尖处吃起，逐步吞食，待吃到离钩3~5厘米处时，它会将钩子和草结拖着往深水处游走。如果在这个时候提竿，是钓不上鱼的，必须等到线被拉直，浮漂沉入水中10秒左右后方可提竿，因为这时的钩已进入鱼嘴。有时会在不到10秒的等待时间内，浮漂下沉几秒后又突然上浮，这表明鱼儿已经弃饵而去，需要收回钩重新装饵。

用菜心嫩草做饵是浮钓草食性鱼及部分杂食性鱼的好钓饵，入秋以后至翌年暮春，不适合用这种钓法，所以此法一年中仅可用3~5个月。另外，这种钓法只适用于草鱼多的水域，包括水库和鱼池等粗养水域，对于草鱼少的自然水域，这种方法不太适用。

五、动物活体穿钩钓

用动物活体穿钩钓，是在一切海、淡水水域均可使用的钓法。除了肉食性鱼喜欢食活体动物，杂食性鱼也喜食，甚至有时草食性鱼也会吃活体动物，尤其在草枯、天冷时，它们对活体动物就会特别偏爱。浮游生物食性鱼所食的浮游生物多为单细胞动物，如放射虫、有孔虫、纤毛虫、变形虫、鞭毛虫等。

沙蚕、蚯蚓、蚂蟥等都可作为钓鱼的钓饵。生长在海边泥沙中的沙蚕，适用于海钓，其身体分节明显，体节两侧长有带刚毛的疣足，长10厘米左右，正好装钩施钓，被誉为海钓的“万能钓饵”。蚯蚓俗称曲蟺，多生长在腐殖质多且潮湿的土壤中，绝大多数都能用来垂钓，其中最佳的是肉质厚嫩、蛋白质含量高、膻腥味浓的红蚯蚓。用蚯蚓做钓饵，除鳙鱼、鲢鱼等少数几种浮游生物食性鱼不大喜食，几乎所有的杂食性、肉食性、草食性鱼都喜食，故蚯蚓有淡水“万能钓饵”之称。多年的垂钓实践证明，钓取有鳞鱼用红蚯蚓做钓饵最为有效，如鲫鱼、鳊鱼、草鱼、青鱼、鲷鱼、罗非鱼、鲌鱼、花䱻、餐鱼、鲤鱼、虹鳟等，亦可钓取鲶鱼、鳗鲡、黄鳝、甲鱼等无鳞鱼。

用于钓鱼的活体动物的另一大门是节肢动物，常用的幼虫有蛴螬、红虫、水蛋、面包虫、葡萄虫、谷盗（米蛀虫）、菜青虫、蝇蛆、蚕等；常用的蛹有蝇蛹、甲虫蛹、蚕蛹、蝶蛹、地老虎蛹等；常用的成虫有蝗虫、蝼蛄、蟋蟀、蚂蚱、螟蛾等。红虫也称鱼虫、孑孓（蚊子的幼虫），体大而色红者为摇蚊幼虫，捞取后做钓饵效果奇佳。使用方法有以下几种：一是将较小的库蚊、伊蚊、按蚊红虫掺入面粉中，掐粒使用；二是将孑孓放入少部分砻糠粉中搅拌成饵，钓取鲫鱼、鲴鱼、马口鱼、鮡鱼、鳑鲏、棒花鱼等小鱼有奇效；三是将多条红虫用红橡皮筋套住，或用红细线捆扎，钓前一束束捆好，多用于秋日或冬日冰钓。

用以钓鱼的活体动物很多，有的季节性很强，只在某一时间段可以用，如春末夏初的昆虫幼虫，秋日才有蚂蚱、蟋蟀，只有在那一时段可采到活体，有的四季均有，如蚯蚓、虾、蟹、各种小鱼、沙蚕、文蛤等。秋季的活体动物往往肥大味足，使用效果特别好。之所以鱼儿喜食活体，是因为活体不断地在水中蠕动，容易引起鱼的注意，同时活体会有腥香气味散发，鱼儿特别喜欢这种气味，所以就会有较高的吃钩率。用文蛤、田螺做饵时，将其外壳剖开，取出蛤肉、螺肉。入水后，其血液和气味会迅速在水中散发，鱼儿就会竞相抢食。如果所钓点没有鱼，时间一长，蛤肉、螺肉不会再散发腥香味，反而会在细菌的作用下开始腐败变臭，因此使用这种钓饵时，10 多分钟内没有鱼来食用，就要换新鲜的饵。

用动物活体垂钓，穿钩须结实，钩尖即使露出来也无所谓。用蚯蚓、沙蚕做饵料时，钩尖从其腰部穿过，绕一段再穿一次。如果活体较长，通常为了不致脱落，可以穿 2~3 次，虽然容易使钩尖露出，但因为蚯蚓在不停蠕动，仍然会有鱼大胆咬钩。但如果是昆虫的幼虫就不行，如米蛀虫或蝇蛆比较小，蠕动幅度不大，穿钩时要穿透，将钩露出来，然后回转，再盖住钩尖，这样，倒刺扎住蛆虫体内皮肉，不易掉饵，钓小鱼效果很好。

六、动物尸体切块钓

环形动物、甲壳动物、软体动物、节肢动物等的体形皆小，用1只或两三只挂钩即可垂钓，所以使用活饵最好。还有一种钓鱼的好饵料是一些脊椎动物的肉，即用新鲜的动物肉切丝、切条、切段装钩垂钓。

用鸡、鸭、鹅的肝、肠等内脏，或用牛、羊、猪肉做饵，海、淡水钓皆宜。最方便的要属“以鱼钓鱼”，即用小鱼钓大鱼，如用网网一些鲱鱼、小鲳鱼、青鳞鱼、虾等，将其切成三四段挂钩抛钓。这种饵因为非常鲜活，将其切断后血腥味在水中散发得快且远，鱼吃钩率高。有时撒网捞不到鱼，就到渔具店买新鲜的冰冻的鲲鱼、沙丁鱼切段钓。由于活体是速冻的，所以解冻后仍然新鲜，吃钩率也并不差，特别是沙丁鱼头，许多鱼都抢着吃，海鳗、鲷鱼、石斑鱼吃起来特别起劲，以此为饵可以收到不错的钓鱼效果。

有些鱼喜腐食，有的饥不择食。洄游性鱼都是按季节准时从一处海域经过固定的洄游路线游动觅食的。比如每年春天，大批带鱼会从北太平洋游到东海、黄海，如果能在海上找到鱼群，可以看到方圆几平方千米、几十平方千米都是带鱼，黑压压一大片。带鱼吃食凶猛，饥饿时同类相食，我们买的带鱼中常有无尾巴一段的，这就是带鱼在洄游途中被同类咬食掉的。一般情况带鱼吃钩后只吞不吐，所以十分好钓。用腐食在淡水中垂钓，也可钓鳙鱼、鲤鱼，有些钓鱼人用已腐败、发臭的蚯蚓、虾及鱼段钓上鳙鱼和鲤鱼。一般情况下，尽量不用变质、腐败的饵垂钓。

七、荤素粉末混合钓

用面粉、米粉、山芋粉、马铃薯粉、黄豆粉、玉米粉及麸皮、米糠、豆饼、花生饼、菜籽饼粉等制成的饵料就是素粉饵；荤粉饵，即鱼粉、骨粉、虾粉、肉糜等，富有营养。以前，人们用素粉饵和水揉成团掐粒使用，钓草食性鱼和杂食性鱼；用荤饵钓肉食性鱼和杂食性鱼。传统钓中有一种方法非常实用，就是将活鱼、蟹、虾等用杵舂捣成泥状，再和以米粉或面粉，捏团掐粒垂钓，结果除浮游生物食性的鳙鱼、鲢鱼不食，其他品种的鱼都会来食。如果这种饵搁置久了就会发臭变酸，这时其他鱼不食了，但还有鲤鱼等喜食。钓鱼者有时在素粉饵中加入机械研磨烘干的虾粉或鱼粉、骨粉，将荤素粉末混合制成使用，以钓到喜腥的罗非鱼，使用效果明显比单用素粉好。这样的饵，不仅肉食性鱼喜食，杂食性鱼也喜食，缺乏营养的草食性鱼会大口吞食，甚至有时浮游生物食性鱼也会吞食。用荤素粉末混合制成的饵钓鱼，成了目前钓鱼的新时尚、新技术。

八、以素裹荤“包子”钓

以素裹荤“包子”钓，是安徽省蚌埠市举办的全国钓鱼邀请赛时有钓友使用的一种方法。一位钓友，将蚯蚓或虾挂在鱼钩上，再在蚯蚓或虾上紧紧包裹上一层粉末素饵，捏紧后将其抛入钓点，用长竿，3 小时内钓了 1 条鲤鱼、1 条青鱼、4 条草鱼，单尾最大的重 7 千克，总重量 38 千克，荣获单尾数和个人总重量两项冠军。这一钓法在豫南、皖北、苏北一带流传，是专钓大鱼用的技法。荤饵(除蚯蚓和虾，秋日还多用蝗虫和蟋蟀）要鲜活，为了保证抛钩入水后“包子”皮不会立即化掉，外面包裹的素饵粉末不能仅用打窝子的粗料（麸皮、菜籽饼粉)，还需要放些糯米粉、膨化黄豆粉或面粉等黏性强的精料，待“包子”较完整地沉底后，在水底慢慢膨大化开，雾状饵仍将核心——一团蚯蚓或大虾、蝗虫包住。过来的小鱼只能吃粉末饵，因为钩上的荤饵它们无法吃下去，大鱼来了，正好一口吞下，浮漂下沉，钓鱼人拎竿即可钓到大鱼。

好的钓鱼技法多是在钓鱼比赛中产生、推广的，“包子”钓法也从此红遍了大江南北，在一般钓鱼活动或比赛中，只要有钓大鱼的想法，就有人使用这种“包子”钓法，通常都会收到不错的效果。更有趣的是，因为钓鱼比赛中有钓鱼大小和总重量两项，非要钓住几条大鱼才能上名次，几十条小鱼不如一条大鱼重，然而台湾钓法是以钓中小鱼为主的，线细钩小，动作快，钓得多。于是，一些台钓爱好者改用粗线、硬竿、大钩的同时，也用“包子”钓大鱼。他们横七竖八地把几条红蚯蚓穿到钓子上，然后将蚯蚓用台钓饵紧紧裹住，竟然钓到了 3 千克、5 千克，甚至 8 千克的青鱼，因此台钓法能钓大鱼的消息不胫而走。目前，用“包子”钓大鱼的技法已风靡全国。

九、食品做饵方便钓

我国钓鱼者往往用窝窝头、馒头、玉米粒、鸡肉丝、熟山芋丁、饭米粒、虾肉等食物做饵垂钓；外国用食品做饵钓要更加讲究，比如外国人用面包做饵就有很多方法。将面包切成块，挂钩浮钓或悬钓，或将新鲜面包捏紧成团，掐粒挂钩垂钓属于粗放型饵。细致型饵很讲究，一是制作面包糊，钓前带上新鲜面包和蜂蜜等辅料，选好钓点后，将面包皮剥去，捏成团，抛入钓点打窝子，然后在面包中心浇上河塘水，并将其放入容器内搅成均匀的糊状，将多余水分滤去后，把糊状面包泥倒在卫生纸上，吸去多余水分，再倒入容器中，加点黏性强的奶酪或蜂蜜，如果在揉搓时有稀软的感觉，就再放一些碎干面包，揉成较干而黏的香甜饵团。钓时掐一点挂钩上，主钓杂食性鱼和草食性鱼，效果不弱于台钓商品饵。英国《静水钓鱼》一书中还介绍了一种用挤压过的面包皮做钓饵的方法，即取一个新鲜面包，将其剥皮后放到一块平整的木板上，均匀地洒点水，然后将一块较重的木板压到面包皮上。第二天钓鱼出发前，将压得结实的面包皮切成小方块，即可装钩垂钓。另外，还可自制面包枪，基本做法是用烤箱将面包（咸面包除外）烤成金黄色，晾凉以后将烤煳的部分剔除，然后放进食品粉碎机内磨碎，再以细网眼筛滤，之后放入容器内，带到钓场。钓前加入蜂蜜或乳酪，以及适量河塘水，调成糊状，将其灌进如牙膏管状的鱼饵枪里，拧紧盖。用时只需要从鱼饵枪里挤出一点软粒，挂钩即可垂钓。用面包饵钓鱼效果好，但做起来麻烦。在素饵方面，不常见的是使用煮熟的马铃薯制钓饵，除简单的切块挂钩垂钓，也有很多钓鱼者会将其加工成泥状，再添加虾粉或蜂蜜，然后将这种饵灌入鱼饵枪内使用。荤饵方面，外国人选择牛肚、熏肉、烤肉、香肠等，切块使用，这些饵是淡水钓取鲈鱼、鲑鱼的上等钓饵。英国钓鱼人将香肠、牛肚斩成碎泥，和入新鲜面包中搓成团，掐粒使用，既香甜可口，又富有韧性，多种鱼喜食，鲤鱼尤其喜食，故人们称这种饵为“鲤饵”。美国人、法国人外出钓鱼不带钓饵，钓前，他们用鲑鱼、鲈鱼或用餐后剩余的香肠、熏肉做钓饵。

不管是国内还是国外的钓鱼者，除少数专门研究饵料的，很多人认为只要是人可以食用的食物都可以做成鱼饵，这已成为许多钓鱼人的共识。钓鱼本身就是娱乐，多数人并不是为了参加什么比赛，他们用自己喜食的食品做饵钓鱼，有时成功，有时失败，只求愉快尽兴，也自得其乐。

第五节 假饵钓

在前面有关章节中我们已经谈到一些假饵在海钓、淡水钓中的应用，下面只介绍一些传统的假饵钓与最新的假饵钓法。

一、铜片钓

此种方法已经难以确定起源于何时。在江南水乡，常常可以在江河、湖泊见到有人使用这一钓法垂钓。钓鱼者扛一根竹竿，沿河湖边行走，在水草丛边钓，或者在江河、湖泊上划一叶小舟，于水草丛中找到空隙处，往往伸竿就钓。用一根长3~4米的独龙竿，一根粗线，一端系一大钩，离钩2厘米处系一个2厘米见方、两面磨得锃亮的铜片，一端系于竿梢。伸竿抛钩入水中，上下提动竿，使铜片在水中上下扇动，鲢鱼、鲌鱼、黑鱼等看到该铜片以为是昆虫落水，通常会一口咬住，钓鱼人即可拎竿将鱼提上岸，用此法大多会钓到1~5千克的比较大的肉食性鱼。此钓法采取的方式与静态钓完全不同。

二、羽毛抽钓

羽毛抽钓，是在自然水域钓取小鲌鱼、鳘鱼的一种传统钓法。不论在江河水域，还是在湖泊、水库都可使用这种钓法。钓点多在上层鱼易聚集的淘米洗菜的码头或停船码头前方，或溪河流入水库、湖泊的地方，或两条河的交叉处。钓鱼人手持5.4~6.3米的中长细软竿，细线、小钩，线与竿等长，钩上方粘一麻雀毛、鸭绒毛，或鸡毛，挥竿将钩甩入餐鱼等小杂鱼聚集的水体上方，让羽绒在水面浮2~3秒，如果没有鱼抢钩，即提竿收回，再甩入钓点，如此反复。通常看到羽毛钩的餐鱼会迅速抢食，一些距离2~3米远的也会加速游来吞钩，只要钓鱼者看到浮于水面的羽毛没入水中了，就可以提竿将鱼钓上。一些饥饿的鱼见到羽毛钩即抢，连钓连上。如果饵抛入水中的时间超过5~6秒，还没有鱼来食，就需要抽回钩再抛。假如再抛仍不食，说明这里的餐鱼等小杂鱼已具备识别这种假饵的能力，或者不饥饿，需收竿另寻钓点。

这种方法多为儿童喜欢，成年人偶尔为之。从仲春清明左右开始到仲秋都可以使用此法。天气渐冷后，鱼儿新陈代谢减缓，多游到深水，则此垂钓方法不再适用。

三、线扣刷钓

这是一种原始的民间钓法。在贵州、广西、云南等一些地广人稀的山区，溪河鱼多水深，钓鱼人用一根竹竿，拴一根麻绳，麻绳略长于竹竿，或与竿等长，一端系于竿梢尖，一端系上蝗虫、飞蛾、虾或大蚯蚓等，系好后再打一个活结，在溪河旁找个灌木丛或找块大岩石，人在大树后藏好。抛钩入水后，静待鱼儿上钩。这些溪河中多野生的鳡鱼、翘嘴红鲌、刺鳃、倒刺鲃、赤眼鳟、红结鱼等，这些鱼咬住饵扣后又撕又抢，吃食凶猛，感到有鱼时要马上用双手挺住，用力向后甩，在鱼儿还没有松口时将其甩到岸上。这些鱼多为1~3千克的野生鱼，鲜美可口。在东北嫩江、松花江流过的湿地和大、小兴安岭的山区，一些石油工人、伐木工人常常在假日里手拎竹竿，拴一粗线，不用鱼钩，线端绑一只老鼠。他们跨溪流，渡水洼，在人迹罕至的水草丛和激流中经常能钓到哲罗鱼和狗鱼。20世纪90年代，日本著名钓鱼专家小西和人在黑龙江的大山中转悠3天，竟然没有钓到1条哲罗鱼，只钓了2条小狗鱼。第四天，他在一座小山坳里看到一个人正将1条哲罗鱼甩上岸来。仔细看其钓具，粗线的另一端并没有鱼钩，而是绑着一只老鼠。

至今仍有一些钓鱼人在使用线扣刷钓。当你在深山老林中旅游时，发现溪河中的鱼很多，但却没带渔具时，这种钓鱼方法可派上用场。

四、旋转亮片钓

旋转亮片是用于抛竿海钓的路亚假饵钩，分为单旋叶片、双旋叶片、复合式旋转亮片等。一些东北钓友将其改制用于淡水钓狗鱼、鳡鱼、鲌鱼等肉食性鱼。旋转亮片就是一枚呈橄榄形或树叶形的扁平铜片，将其放到鱼钩上方，抛出去后钩和旋片一起入水，铜片在拖动过程中会旋转，发出击水的哗哗声，且在水面一闪一闪，可以将在表水进食的肉食性鱼吸引过来咬钩。钓鱼者还会在亮片尾部嵌一红色软塑料片，以增强钓鱼效果。在阳光照射下，旋转的叶片发出的银白色或黄色的光与红光交相辉映，有很好的诱鱼效果。复合式亮片即在钩柄之上嵌几缕红色或黄色的塑料丝条，或细的不锈钢丝。这些丝条在拖动时会旋转，犹如昆虫或乌贼、章鱼的脚在快速划动，诱使上层的肉食性鱼咬钩。

此技法的原理与铜片钓等方法一样。铜片钓是在水表和水中上下提动，钩上的铜片也旋转闪光，引诱鱼儿吃钩。古时有人将木牌刻成鱼的形状，在表水拖钓，通过木牌翻滚“游动”，诱鱼上钩。现代钓法使假饵更“真”，使用更方便、快捷。

使用旋转亮片需注意两点：一是要有一定的速度，使其在表水拖动，不能停滞或放慢收线速度，不然，旋转亮片沉入水底，或在水的中层慢慢拖，叶片就不会发出诱鱼的声响，诱鱼效果会差很多；二是亮片与主线连接要用转环，也就是说，在施钓中，亮片旋转，主线不旋转，这样不会损伤主线。

第六章 常见鱼的习性及钓法

第一节 鲫 鱼

一、生活习性

鲫鱼属鲤科，是我国数量最多、分布最广的一种鱼，又称鲫瓜子、河鲫鱼等，在我国古代叫作鲋鱼，也是垂钓者的主钓对象。

鲫鱼有很多种类，但不同种类的生活习性却基本相近。鲫鱼习惯生活在水体下层，属底栖性鱼类。鲫鱼很少有超过1000克的，生长比较缓慢。

鲫鱼有很强的繁殖能力，通常一次产卵数能达到万粒，产卵期长达半年以上。它的抗病能力也较强，较能耐低温，在10℃以下的水温中仍然有摄食能力。

15~25℃为鲫鱼摄食的最佳水温，但水温在10℃以下时仍有摄食要求，所以冰钓时也可以钓到它。鲫鱼在各个季节的采食比较有规律，它的采食旺季通常在春季，这时的它几乎昼夜不断地采食；夏季则在早上和晚上采食；秋季差不多全天都在进行采食活动；冬季则只在中午一段比较暖和的时间才采食。

鲫鱼有一种很爱洁净的癖好，它对有泥浆污浊的水域会避而远之，如果将其放入污水臭水中去，它就不能生存，所以鲫鱼的鱼肉比较卫生鲜美。

鲫鱼属于杂食性鱼类，面、饭、虾、小虫、蚯蚓及水草、藻类都喜欢吃，特别喜欢吃水草的芽、叶、茎和果实。所以，垂钓鲫鱼的饵料比较容易获得。但生长在不同水体中的鲫鱼食性有差异，生长在湖泊中的鲫鱼习惯吃腥饵，生长在河道中的鲫鱼喜食粮食性饵料，而生长在池塘中的鲫鱼，两种饵料都爱吃。

鲫鱼对环境有很强的适应能力，它鳞片上的保护色，能随着水色的变化而变化，可变成银灰色、灰褐色、灰色、银白色、黄色和金黄色。甚至随着生活环境的改变，其体形也能作适当的改变，若生活在较狭小的水塘静水中，活动范围很小时，它的体形会变得较短而偏宽且肥厚；若生活在流动的活水中，水体的面积大，活动的范围大，其体形会变得偏长形。

二、垂钓用具

垂钓鲫鱼的钓具应软、细、小，因为鲫鱼生性胆小多疑。一般多用手竿钓，钓竿要细长、轻巧，弹性好，碳素竿或玻璃钢竿均可，长度在6~8米；钓线要细，直径一般在0.15毫米以下；钓钩可用朝天钩，钩型应采用较小型的；浮子可用10~12毫米的羽梗散子浮，这种浮子看起来不吃力，目标明显，浮子之间间隔6厘米左右。如果鲫鱼大于200克，一般钓线也不应粗于0.15毫米、钓钩不宜大于5号；如果鲫鱼小于200克，一般采用0.08~0.10毫米的细线、3号以下的小钩。

三、垂钓方法

（一）打窝子

打窝用的鱼食有两种：一种是用米饭晒成干粒或直接用碎米，每个窝投撒一小把；另一种是用麦麸、酒糟、豆饼之类的粗杂粮的

细粉，加点有香味有黏性的粉料，加水拌和做成蚕豆般大的颗粒，或核桃般大小的圆球，将其晾晒至半干后即可使用，通常每个窝投放3~5颗。

钓鲫鱼打窝，比较适合用碎米和干饭粒，因为鲫鱼嘴小，身体也小。可根据情况来决定打窝的数量，为了轮换垂钓，一般可打3~5个。垂钓过程中，如有的窝中久钓无鱼，则应放弃；如有的窝中频频上鱼，说明窝点位置正确，这时就需要适时续窝，以引诱更多的鱼前来“就餐”。

应在离岸边不太近又不太远的水域中打窝。如果离得太远，垂钓起来会比较吃力，如果有500克以上的大鲫鱼吞钩，就不容易提竿；如果太靠近岸边，鱼会害怕。若用的是4米的竿，窝应打在离岸3米左右的水域中比较适宜。

此外，最好选择在有些树木遮阳的岸边钓点打窝，如果在没有遮阳物的地方垂钓，最好位于阳光从右侧或左侧射来的位置，因为如果在阳光从正面直射处垂钓，光线会使垂钓者的眼睛受到刺激而无法看清鱼漂的起落动静；如果阳光从垂钓者背后射来，则人走来走去的影子会倒映在水中，而把鱼吓得不敢前来吞饵。

最后，一定要记住在打完窝后的岸边做上记号，否则，等要垂钓时，就容易搞不清在什么位置打过窝，而找不到打窝的地方了。

（二）鲫鱼吞钩的规律

根据多位有经验的垂钓者观察，鲫鱼在吞钩前都有一定的规律，这从浮漂的移动上可以清楚地反映出来。通常鲫鱼吞钩会有三个步骤。

1. 品尝　发现饵钩的鲫鱼，通常不会贸然上前吞食，而是很小心地游近饵钩，然后犹豫地咬一咬部分饵。这时会出现浮漂点一二下，一粒浮漂下沉，然后又回升到原位的现象。

2. 试探　品尝过后，鱼儿认为滋味还不错，饵食是对胃口的，就企图拖走食物，但此时并没有去吞食饵钩，这时浮漂会出现轻轻移动的现象。

3. 吞钩　对饵物进行一阵拖咬之后，鱼儿没能将其拖走。这时它已经难熬食欲，开始将饵钩吞入口中。于是会出现鱼漂送漂的现象，即浮漂从水下缓缓上升，这是鲫鱼咬钩的典型表现，此时提竿，十拿九稳。有时还会表现为黑漂和拖漂。

（三）下钩和起钩

钓鲫鱼前，将钓具和钓饵准备好，选择好钓点并打好窝以后，接下来就要进入正式钓鱼的阶段。开始下钩时要做好三件事。

1. 安装钓饵和观察窝塘　在打好窝之后，过5~20分钟，一些闻到鱼饵香味的鲫鱼就会陆续来到窝点探察究竟。所以在这几分钟空隙内，要安装好钓饵。钓鲫鱼，用红色的蚯蚓最好，以3~4厘米长的蚯蚓最合适。若是卧钩，可将整条的蚯蚓装上；若用朝天钩，可用半截稍大些的蚯蚓。装好钓饵后，要先观察一下窝内来的鱼多不多，如果鱼来得多，水面会有许多小气泡泛起（俗称鱼星），钓鱼界的术语叫作“大醒”；如果来的鱼少，就叫作“小醒”。但不管来的鱼是多还是少，此时都应开始下钩垂钓，不可坐失良机。若打窝之后始终没有鱼来，这个窝子就成了“哑窝”，需到别的窝子去下钩。但需要注意的是，醒窝子都会有早有迟，快的可能3~5分钟就醒，迟的则需要半小时甚至1小时，所以必须耐心等待1小时之后再做出去留的决断。

2. 徐徐下钩，并注意浮漂动静　如果有鱼儿在窝子里活动时，就会不断有小气泡出现在水面，说明下钩的时机已到。先将钓钩放入水中让它下沉，测试一下水有多深，然后考虑饵钩应沉入多深比较适当，然后将浮漂调整到适当的高度，如果是用6截羽梗制成的浮漂，那么当饵钩下沉后，水面上浮着3截羽梗，其余部分都沉入水中，那就可以了。

在下钩时，为了避免将鱼吓跑，要让鱼钩慢慢下坠，不能猛然一下，使水面发出声响。为了引起鱼的注意，引诱它们前来摄食，最好当饵钩沉至水的中层，将要到达水底时，略微抖动一下，然后让饵钩沉到水底。这时为了清楚地观察到浮漂的动静，要轻轻地把水面上多余的渔线拨在一边，不让它挡住钓鱼者的视线，一旦发现有鱼吞钩时，及时提拎渔竿，免得措手不及，错过最佳时机。

3. 准确把握提钩时机　对于提钩的时机要准确地把握，首先要注意尽量避免提钩时会遇到的麻烦与困难。值得注意的是，要适当控制竿梢下渔线的长度，多余的活动渔线，保留在水面上的最好控制在0.5~0.8米，否则容易出现以下情况：一旦发现有已吞钩的鱼，需要举竿提钩时，正常只要将竿举至70°~90°就能从水面提出鱼，但此时因为线太长，却需要将竿举至200°角才能把鱼提拎上岸，这样不仅费力费时，往往还会导致钓饵和鱼一起缠在水草丛中，甚至拿不到鱼不说，还会搞得竿断线折。

关于提钩的时机，应注意以下几点。

(1) 当饵钩沉在水中时，浮漂如果只是略微点了一二下，这并不是鱼儿已经吞钩的迹象，很可能是鱼儿试探性地尝了一下鱼饵的滋味，或只是鱼儿碰动了饵钩，此时不可贸然起钩。

(2) 如果用整条蚯蚓做饵，若见浮漂连续捧、拖几次以后就不见动静了，这是鱼已将钩吞入口的迹象，应立即起钩。

(3) 如果做饵的蚯蚓较长，鱼钩上只套了半条，钩尖之外还有一小段多余的蚯蚓在蠕动，这种情况最能引鱼扑食。但此时若出现浮漂稍有沉或捧的迹象时，还只是饵的多余部分被鱼咬住，鱼并没有将饵吞入口中，这时不可以提钩，要等到浮漂大捧和反复捧时，才表明鱼儿已将钩吞进口中，此时起钩较有把握。

(4) 如果安放的饵较小，刚能裹住鱼钩，若浮漂出现“捧”或“拖”的迹象时，便可立即起钩。

(四) 草隙钓法

鲫鱼不喜欢在光照太强的亮水区域栖身，它一般喜欢在有遮掩、阴凉、有稀疏的水生物的地方游弋、觅食，因为这样的环境不仅食物丰富、水温适中，而且水中有充足的含氧量，所以鱼的食欲较旺盛。这样的环境还具有水流比较平稳，昼夜温差小且比较隐蔽的优点，不仅适宜鲫鱼游弋、觅食，还适宜鲫鱼交配产卵和孵化。

垂钓者在这种水域，只需要在离岸 4~5 米远的地方选一处脸盆大小、没有水草的空隙处下钩，就一定会有不错的收获。需要注意的是：渔竿尽量长一些，最好有 5~6 米长，竿的尖部要硬些；渔线不适宜过长，有 4~5 米长便足够，但要用比较粗的。下钩时，钓钩一定要落底。如果能找 3~4 处适宜的草隙打上窝，轮流看着浮子，有鱼上钩时及时提出，收获将不会很差。

（五）春季浅滩钓法

每年清明节过后的三四月间，在池塘的避风处水温就会开始上升，如果天气晴朗，气温将进一步上升，这时的鱼儿就逐渐进入活跃时期了，此时水中有充足的溶氧量，鱼儿食欲转旺，再加上在整个冬天里鲫鱼都处在饥寒交迫的困境中，比较需要食物，这时是垂钓的较好时机。

用这种方法垂钓，需要在垂钓的前一天傍晚去打窝，第二天上午去钓。垂钓者如果距离水面较远可用长竿，长竿上的鱼钩要用小的，但钩尖必须锋利，渔线要细而短，可以既不用浮漂，也不用砣；如果距离水面较近，用短竿比较方便；钓饵宜用活的红蚯蚓，让活蚯蚓在钩上能继续蠕动，这样最容易招引鲫鱼踊跃前来吞饵。饵钩宜在鱼群的前方或侧下方，一旦有鱼吞饵，立即提竿收鱼，效果较好。

通常，钓鱼都是把装上饵料的鱼钩下到水里，然后就坐在岸边等候鱼儿上钩，这叫作“坐钓”。还有一种方法，叫作跑钓，是指在距岸边 3 米左右的水中打下一排多个窝子，然后沿着各个窝的岸边，经常来回跑动着看浮漂钓鱼。跑钓用的是 3 米多长的短竿，系上细渔线、小坠、小浮漂和小钩垂钓，然后测试好水的深度、探好净底。

通常需要根据钓的时间长短来决定窝的数量，若只钓 2~3 小时，宜打 3~5 个窝；若钓一整天，可打 10~20 个窝。打窝用的诱饵，可用酒浸过的小米粒或碎米。各个窝的深浅不能相差太多。要在每个打完窝的地方做上记号，以免回头找不着。

需要注意的是：在来回跑动时，脚步要尽量放轻，不可把鱼吓跑。利用这种跑钓的方法，一般都会比坐钓的效果要好。

（六）河道深流钓法

在较深而且水量大的河道中钓鲫鱼的情况并不多见，垂钓者大多是在池塘边或溪边钓静水中的鲫鱼。若周边有较深的河道，也不妨尝试一下用河道深流法钓鲫鱼。

用这种方法钓鲫鱼，一个人无法看较多的渔竿，通常只能看一两副。所用的钓竿是长竿，约5米，渔线的长度为4~4.5米，其他如鱼钩、浮漂、坠子都用比较大的。操作时，把饵钩甩到河道的中心部位，这种水流中会有较大的鲫鱼顶流而上，一旦发现鱼饵，它们就会猛吞饵钩。若发现有鱼吞钩，应迅速起钩。只要河道水流中有鱼经过，这种钓法是比较有效的。这种方法不需要撒饵打窝，因为采用此法专钓过路的大鲫鱼。

（七）浮钓法

当气压低、天气闷热时，水中溶氧量减少，鲫鱼难以承受水中的缺氧状况，便浮到水体的中上层。这时可以改用浮钓，如果还用底钓，往往收效甚微。

浮钓法一般采用卧钩，用增加浮漂浮力的办法使鱼钩漂浮在水中不着底，根据鲫鱼在水中游动的层面，将鱼钩的深浅用浮漂进行调整。浮钓时，在鲫鱼吞饵时浮漂往往下沉，此时提竿便可得鱼。

（八）投竿串钩钓

大部分鱼都胆小怕喧闹，因此通常会在离岸较远处、深处活动，特别是夏天和冬天，由于气候原因，绝大部分鱼都会躲在深水处，此时可用投竿把饵钩甩至远处，不仅能钓到较多的鱼，而且有可能钓到大鲫鱼。钓饵多用荤饵，如蚯蚓等，以小巧的钓具为主。将装钩后的钓饵，甩至30~40米以外的水域，支好钓竿，收紧钓线，挂上小铃，即可静候，待铃响或看回线提竿即可收鱼。

（九）大鲫鱼钓法

1. 深水浅窝　大鲫鱼通常在水体较深的池塘里栖身，因此钓鱼者找的池塘要有较深的水体，而且要有水草和其他能使鲫鱼喜欢的生活条件。然后，要将诱鱼的窝子打在距离池塘岸边 4~5 米、水体不深不浅处，最好多打几个，并逐一做好记号。大鲫鱼通常喜欢聚集在深水塘中较浅的水域。

2. 物色多年未清过的老池塘　因为并非任何池塘中都有大鲫鱼，所以多找几处有大鱼生活的池塘是有必要的。因为鲫鱼长得很慢，500 克的鲫鱼，需要 3 年左右才能长成，更大的鲫鱼就需要更长的时间。所以钓鱼之前，必须先摸清池塘的底细，做详细了解，垂钓的目的地只能选在多年没有清过的池塘。那些每 1~2 年或 2~3 年就清一次底的池塘，就不必白花时间和诱饵去打窝。

3. 掌握垂钓季节　并非在任何季节都能钓到较大的鲫鱼，即便可以钓到，数量也不会多。因此必须掌握：鲫鱼每年的产卵孵化时期是在春季和秋季的后期，鱼儿必须摄入较多的食物、积蓄较多的养分作为生儿育女之需，所以这个时期垂钓，容易有大鲫鱼上钩。而在进入严冬前的秋季中、后期，由于严冬不能摄食了，鱼儿必须趁这个时期尽量多摄食，以顺利过冬。

4. 随草打窝　撒饵打窝时，要将池塘里什么部位有水草弄清楚，一定要在靠近水草生长处的水域撒饵打窝。因为鲫鱼胆子很小，总要找些有水草或其他比较隐蔽、可以藏身的水域才能安心生活，鲫鱼不肯在光照很强的地方停留。

5. 排除小杂鱼干扰　在钓鲫鱼时经常会遇到一件麻烦事，那就是小杂鱼的干扰。通常会有小杂鱼在钓饵上触触碰碰，从而使得浮漂跟着不断地小浮小沉，使垂钓者经常分心，非常令人讨厌。对付这种情况，一般可采取以下几种方法。

一是钓饵改用素饵，小杂鱼发现是素饵，一般都不吃并自行离开。

二是撒窝的诱饵用酒浸过的米粒，小杂鱼对它不感兴趣。

三是在较浑的水中垂钓，很少有小杂鱼来干扰。

四是用螺蛳肉、蚌肉捣碎后投在窝子的附近，可把小杂鱼吸引到旁边去吃食，饵钩可少受干扰。

五是用最小的鱼钩，装上很少的红色活蚯蚓，可以很快地把小杂鱼钓除。

第二节 草 鱼

草鱼，又称草鲲、草混子、草鲩，是我国的主要淡水养殖鱼类之一。

一、生活习性

草鱼多在水的中下层生活，草鱼的最佳栖息场所是水草丰盛的地方。草鱼不太温顺，行动迅速，窜劲大，食量大，发育快。生长期在4~9月份，5月份繁殖力强，成鱼重达数十千克。在淮河流域，春末、夏初的早晨9时以前，草鱼多在水底层活动；9时以后则会到水的中上层活动。草鱼主要吃草丛中的小昆虫及水中的浮萍、青草、菱角叶等，草鱼吃食物时，水中会有咂咂的响声发出。草鱼在雨天更为活跃，食欲也特别旺盛。通常，每一个水中有嫩草被咬断，有

草叶漂浮在水中的塘口，都会有草鱼；另外如果见水呈绿色，可以闻到有鱼腥味，也说明水中有草鱼。因为吃完青草后的草鱼，其粪便都是绿色的，排泄的多了，自然水色就变成了绿色，由此也可以判断该塘多草鱼。

草鱼对高气温也有耐力、适应力。即使在夏天的中午，草鱼照样觅食、游动。此时，用嫩叶、花瓣、蚱蜢就可以钓到草鱼，在水的上层用浮钓法垂钓效果好。

二、饵料配方

(一) 诱饵

(1) 米糠150克，豌豆粉100克，大米500克，甜米酒50克，曲酒50毫升。先将大米蒸熟，晾凉，加入曲酒、甜米酒、米糠、味精拌匀，装入罐中（或塑料袋），将口封好，用棉絮在外面包紧，也可放在太阳下晒，时间不要太长，使其发酵，逸出香味即可。使用时加些豌豆粉。

(2) 树叶、菜叶诱鱼。将青菜叶、树叶抛入水中，效果较好。

(3) 以草诱鱼。在钓场附近拔些青草投入水中，草鱼会游过来觅食。

(4) 草捆诱鱼。青草扎成捆，拴一石块抛入水中，青草中也可掺些麦麸、糠粉，诱鱼效果更好。

（5）用麸粉、饼粉适量，加啤酒或曲酒、甜米酒泡制，再适当发酵。

（6）红薯蒸熟，捣碎，拌入面粉或豆腐粉。

（7）米糠、碎麦粒、饼粉混合后，加香料和水，揉成团。

（8）玉米面200克，麸粉500克，拌匀后用开水冲烫，然后装入塑料袋密封发酵。

（9）将500克麦麸粉炒出香味，加入适量菜油拌匀烘炒，直到有菜油的香味从麦麸粉中散发出来，装入塑料袋密封发酵1~2天。用时加水调拌。

（10）将500克玉米粉炒香，加200克豆饼粉，300克新鲜豆渣，100克血粉（或鱼粉），以上原料混合拌匀。

（11）将嫩玉米粒加水磨成浆，若无研磨工具，也可将嫩玉米粒捣碎，然后加适量的米糠粉和鱼粉。

（二）钓饵

（1）糯米饭。先蒸熟糯米，然后将糯米饭用一块较结实的布包住，在布包外面敲打或揉捏，使糯米饭发黏，然后，在糯米饭中加一点小磨香油，再次揉捏，此时糯米已成为糍粑。用此糍粑做钓饵，将钩包住后，再粘上一些鱼虾粉或芝麻粉，钓草鱼会有不错的效果。

（2）青稻穗。当水稻长出青穗以后，取一颗稻穗拴到钩上做钓饵。

（3）将100克花生米炒熟磨碎，然后加细麦麸100克，面粉50克，蚕豆粉300克，白糖25克，用水拌匀捏成团即可。

（4）臭豆腐加面粉，揉搓成团。

（5）在面粉中拌入捣碎的韭菜，加适量的麦麸，用水调制，即可用作手竿钓饵，也可用作炸弹钩的饵料。

(6) 菜叶揉碎取其汁，拌入面粉中揉成团。

(7) 在面粉中加入捣碎的番茄，调制成面团饵。

(8) 浸湿并捣碎养鱼场的颗粒饲料，然后加些玉米粉和面粉，加水揉成团。

(9) 酒泡嫩玉米粒。

(10) 在面粉中拌入带酸味的果酱或草莓酱，然后揉成团。

(11) 各种小动物做钓饵：玉米螟、青虫、螳螂、面包虫、蚯蚓、红虫、蝼蛄、蚂蚱、苍蝇、蛴螬、油葫芦、小虾、飞蛾、蜻蜓等。

(12) 各种花朵做钓饵：丝瓜花、南瓜花、荷花。

(13) 各种水果：桑葚、菠萝、桃、杏、梨、草莓、甜瓜。

(14) 各种菜叶、菜茎：茭白、卷心菜、空心菜、苋菜、芹菜、韭菜等。

(15) 嫩麦穗。

三、垂钓方法

草鱼一般在水的下层生活，也会有生活在水的中层或上层的情况，所以垂钓者必须"因鱼情施钓"。气温、季节、时间等影响着草鱼到底在水的哪一层生活。初春、秋末，气温不高（10℃以下）时，草鱼多在水的底层生活，这时就用底钓法，钩、坠必须接近水底。

气温较高的夏季和初秋，草鱼一般会生活在水的中层，这时就适合使用浮钓法，首先将铅坠的重量减轻，使钩、坠不入水底，浮漂仍是调四目钓二目，或是调五目钓三目；如果是夏天有风雨的天气，上午9时前，下午4时后，应在水的上层钓，钓饵最好入水面下30厘米；如果在人工养鱼场进行垂钓，由于鱼的密度较大，所以比较容易钓获。要在主人经常投放饲料的地方选择钓位。另外，尽量以喂鱼的饲料做饵料，然后再添加一些自备的饵料。若用水调拌，应用当地养鱼池中的水。若水中有水草，应选择靠近水草的地方钓。

钓草鱼时，渔线应长一些，因为草鱼的窜劲大，较凶猛，便于遛鱼。若有绕线轮，应事先多放出一些线。应使用 7 号以上的钩做钓钩。若是个头较大的草鱼（1500 克以上），应做好遛鱼的准备，且放线要顺着鱼的窜劲进行，始终保持竿子呈弯弓状，必须让线绷着，竿与水面呈 60°以上的斜度。虽然草鱼的窜劲大，但没有太强的耐久力，往往挣扎不长时间就会精疲力竭，拉到水边时可能翻肚，是用抄网抄鱼的恰当时机。

四、钓位选择

有些只在靠近岸边的地方有水草的塘，往往被人认为水草离岸太近，不会有草鱼。事实上，在近岸的水草处垂钓仍比在无水草的地方垂钓效果好。

为了引诱草鱼，可在水中没有草或者草很少的塘采用“抛草打窝法”，即在岸边拔一些长得高的嫩草，先用钩线测试水的深度，如果草的长度要比水的深度高，就可以将草扎成捆，夹一块适重的石头于草捆中，然后将草捆直接抛到准备垂钓的地方。如果草的高度没有超过水深，可采用两个办法：一是在草下面系一块石头，草的上面系一块泡沫塑料，没有泡沫塑料的话，用普通塑料袋、方便面袋也行，其作用是显示草捆在水中的位置；二是将草尽量捆得长一些，也就是参差不齐地捆。

第三节 鲤 鱼

说鲤鱼猾，是因为它喜动不喜静，比较活跃，通常四处窜游着觅食，而且它有较大的挣扎力。同样大的鲤鱼和鲫鱼，鲤鱼的挣扎力是鲫鱼挣扎力的1倍。同时鲤鱼吃饵很谨慎，常常是先试探再见机行事。虽然如此，但钓鱼者却比较容易钓获鲤鱼，这是因为鲤鱼有在水中拱泥觅食的习性，只要它们拱到哪里，哪里就会变成一片浑水，而且会有成串水泡在水面泛起，客观上起到了向钓鱼人“通风报信”的作用。只要人们见到有水域是浑水，而且水面有水泡，就可以断定水下有鲤鱼。钓鱼人在此时应快速让钓竿下钩，直至将其钓上岸，装入鱼护。

一、生活习性

鲤鱼喜肥沃的水底，属水底层鱼种。水底腐烂的植物茎叶、水草丛、家禽家畜经常下水的地方都是其喜欢的生活环境。鲫鱼喜阴暗，避强光。鲤鱼的最佳栖息区往往在水中树根洞下、树阴遮盖的水域、乱石堆中部。鲤鱼尤爱甜食，也喜欢饼类，如榨过油的菜籽饼、豆饼、花生饼等，它们还喜欢吃有香味的饵料。鲤鱼喜逆水游，有跃波的习惯。鲤鱼逆水而跃的表现就是民间所谓的“鲤鱼跳龙门”。荤素皆食是鲤鱼的食性特征，水中的微生物、藻类等是小鲤鱼的主要食物。

二、垂钓用具

通常鲤鱼个体重量多在500克以上，加上鲤鱼有较大的窜劲，所以要有针对性地选用竿、线、钩。可以使用硬调竿来钓鲤鱼，长度应在4.5米以上；线则要选用拉力强的渔线，主线直径不能小于0.4毫米，脑线直径不小于0.3毫米；可选用7号以上的伊势尼钩做鱼钩，钩的弯部应宽一些，为了防脱钩，最好用有倒刺的钩；浮漂与钩、线型号匹配，选用稍大的浮漂。

三、垂钓饵料

（一）钓鲤鱼的诱饵

1. 小麦粒　将小麦用凉水浸泡，泡胀变软后倒去水，加入红糖，再以温水浸泡。温水以淹没麦粒为准，不宜过多。要灵活掌握浸泡的时间，也可以泡到麦粒冒出嫩芽。使用时再加少量麦麸粉，用红糖水或芝麻酱拌和。加麦麸是为了让麦麸入水雾化扩散，以增强诱鱼效果；加红糖或芝麻酱的目的有二，一是让麦麸粘到麦粒上也能沉入水底，二是增加甜味。

2. 饼块　将饼块榨过油后碎成小颗粒，加药酒或曲酒及少量蜂蜜拌作诱饵。

3. 红薯诱饵　将蒸熟的红薯切成2~3厘米见方的丁，然后在其外面沾些炒香的麸皮粉，直接撒到钓窝，一次5~6粒即可，不要撒得太多。

由于鲤鱼的食量大，单个重量也要比鲫鱼重得多，所以投放的诱饵量要比钓鲫鱼的多，至少应是鲫鱼诱饵量的1倍。

(二) 钓鲤鱼的钓饵

(1) 用香甜的豆腐乳拌入面粉揉团。

(2) 细玉米粉加白糖，拌和后蒸熟，用时加少许香料。

(3) 甜味糕点（如“满口香”）揉碎加面粉、成品鲤鱼饵。

(4) 羊油、蜂蜜（或白糖)、黄豆粉揉成团。

(5) 阿魏加水搅成液，加入面粉，揉成团。夏天在肥水塘使用效果特别好。

(6) 红薯或土豆、山芋蒸熟捣成泥，加些成品鲤鱼饵和少量香料。

(7) 玉米粉、麦麸炒出香味，加曲酒、红糖、山柰粉拌成团。

(8) 红蚯蚓弄成碎段，用阿魏水、面粉拌和成团。

(9) “五合一”钓饵：蜂蜜或糖、味精、香油三样混合成稀糊状，加适量奶粉，再加些豆粉或面粉揉成团。

(10) 动物血面饵：用一些新鲜鸡血、鸭血加到豆粉、面粉中，加一些糖蒜汁拌成团。鲤鱼对动物血十分敏感。

(11) 山芋米饭饵：熟山芋捣烂，加些白面、曲酒、米饭揉拌成面团，既可以用作诱饵，也可以用作钓饵。如果用作诱饵，可在里面加入一些饼类或麦麸。

四、钓位的选择

根据鲤鱼的生活习性，选择钓位要注意以下几点。

（1）水中较肥沃的地方是首选钓位，因为鲤鱼喜欢在较肥沃的水域底层生活。

（2）有鱼星的地方。鲤鱼上升速度快，泛起的鱼星较大，往往会如翻滚的水一样成片。鲤鱼的鱼星成条状、前进状，因为它们是边拱泥边游动。当出现鲤鱼的鱼星以后，实际上鲤鱼已经游到前边去了，所以要在鱼星的前方下钩。

（3）鲤鱼也具有一般鱼类的食性，可按常规方法选择钓位。

五、垂钓方法

（1）钩、线的型号应比钓鲫鱼的大一些。

（2）“追星钓”：判断鲤鱼所在的位置时，要根据鲤鱼拱泥翻出水泡的特点，将钩饵投到鱼前 50 厘米左右的地方，等待鲤鱼的到来。

（3）逗钓：为了让饵动起来，以引起鲤鱼注意，可以每隔 3~5 分钟，将钩从水底向上提 10~20 厘米，然后再沉下去。

（4）轮钓：在一片水域多打几个窝子，然后轮流垂钓，看哪个窝里有鱼，就在哪个窝下钩，如果没有鱼上钩了，再移到其他窝钓。

第四节 青　鱼

一、生活习性

青鱼又名青鲜、黑头、黑鲩、乌青、螺蛳青等，是一种肉味鲜美、生长很快、对环境的适应性较强、经济价值较高的鱼种。青鱼是一种饲养鱼，如果有适宜的饲养环境且食物充足，最大的能长到50多千克。

青鱼体色青黑，鳍呈灰黑色，故叫青鱼。青鱼性情刚强，力气很大。青鱼喜欢在水的底层生活，常在江河或池塘的底部沉伏，轻易不会到浅水处游动。水底的螺蛳、蛤、蚬和幼蚌等是青鱼的主要食物，另外也会吃些小虾和其他水生小动物。

青鱼一般要长到10~15千克体重时，性器官才能成熟，其产卵的数量很大，年产卵量可达到百万粒。

二、选择钓点

青鱼和草鱼有许多相同的习性，如分布广、适应能力强、生长快等，它们的体形也比较相似，而它们最大的不同之处是：青鱼是肉食性鱼类，以螺蛳、蛤、蚌、蚬等水生贝类动物为主，也吃蚂蚱、蚯蚓、青虫、油葫芦、蜻蜓、蟑螂、蝼蛄等，以及水中底栖动物的幼虫，性情刚烈，有很大的窜劲；而草鱼的主要食物是草类植物，属草食性鱼类，性情比较温驯。但青鱼的胆子很小，一有动静，就会躲进深水中潜伏起来，所以青鱼常在水底的泥土中觅食。它不像草鱼那样好动，喜欢静静地在水底有水生动物生活的泥层上栖息。

根据以上特性，应在有一定水深，螺蛳、蚌等贝类动物较多的池塘、湖泊处找钓青鱼的钓点。此外，也可在水底有砾石、木桩和其他障碍物，以及有水生植物的水体处找。

夏天和秋天，常会有青鱼在比较安静的湖泊、水库等水域的边沿地带游动觅食，有青鱼游动的地方会泛起泡沫，垂钓者可在早晨和傍晚到这些地方观察。青鱼泛起泡沫位置的变更没有规律，但很容易分辨这种泡沫是否是青鱼所泛起，因为青鱼所泛起的泡沫中除有小碎泡，还会有几个大气泡，这些大气泡中会掺杂着一些或长或短的草茎和其他植物碎屑，并浮上水面。若发现这样的大气泡，就说明此处有青鱼，可以作为钓点。

另外，因为青鱼的胆子小，一有动静就会钻入水底，所以在找钓点时，要尽量保持很轻的脚步，垂钓时更要小心，避免发出响声使青鱼受惊而逃跑。应到人迹稀少的郊外池塘、湖泊边上去找钓点。

三、垂钓饵料

青鱼对腥味，尤其是对螺、蚌、蚬的肉味很感兴趣，因此，诱饵选用这类软体动物非常好，通常可以将就地捞取的软体动物砸碎后，投于钓点。由于青鱼食量大，因此，诱饵用量要多。

此外，也可把平时经常投放的饵料取来投于钓点，或者将砸烂后的软体动物，与豆饼、麦麸、米饭、糠饼等青鱼常吃的饵料混合后捏成团，大团大团地投入钓点，都可取得很好的诱鱼作用。

田螺肉是钓青鱼的最佳钓饵，其次是蚌、蚬肉。装饵的方法有两种：一是将壳稍敲碎，连壳一起装钩；二是去壳取肉装钩，应把钩装满。在人工饲养的环境下，青鱼的食性有较大改变，因此，含高蛋白的素饵也成了钓青鱼的好钓饵，可在粮食类饵食中掺入蚕蛹粉、鱼粉等腥味剂，效果也很好。

四、垂钓用具

钓青鱼时，因为青鱼力大劲猛，最好使用3~3.6米长的海竿。如果用传统的手竿钓法，则要求钓竿有很大的强度，长度要在7米以上；渔线应用4号的粗线，其拉力应达8000克；鱼钩的钩门要有相当的宽度，钩条要较粗壮，钩尖要锐利。

虽然青鱼的鱼体大，但是青鱼的胆子很小，白天几乎不会到近岸处来觅食，所以应该采用长竿长线。要采用大号的立漂做浮漂，虽然这种浮漂会迟钝一些，但配以较重的铅坠，可以抛投到较远的钓点，而且有较好的稳定性，对江河的风浪也有一定的对抗能力。

五、垂钓方法

将钓饵装钩送入钓点，青鱼会在摄食时把饵食吸入口中，将食物利用咽齿碾碎后再吞咽。平稳而没有太大的缓慢起伏是此时浮漂的反应，常表现为慢慢地沉入水中不再浮起来。如果持竿的手感觉到钩上有鱼时，不必紧张，因为青鱼一般不会猛然逃窜，常见的情况是鱼拖着钩平稳地游开去，此时手上会感觉有很大的拖力，几乎无法握住竿子，这时唯一的办法是适当放线，改变站位，人要跟着鱼拖行的方向沿河岸走一小段距离，且让线时紧时松地与之周旋，耐心遛鱼，待大鱼筋疲力尽后再将它提拉至岸边，然后用抄网套住将其拉上岸来。

六、注意事项

一些钓鱼高手垂钓大青鱼的经验，很值得借鉴，尤其是钓3000克以上的大青鱼时，要做到以下几点。

1. 竿要长　虽然大青鱼的鱼体大，但其胆子很小，不敢到近岸处，如果用短竿则不太容易钓到大鱼。

2. 钓点离岸要远　理由同第一点。在离岸远的水域下钩，鱼才能放心吞钩。

3. 人要静　大青鱼不仅胆子小，而且有灵敏的听觉，如果岸上的脚步声大或有说话声，它们就会逃之夭夭。

4. 要在较深的水域下钩　除了阳光明媚、水体温暖、食物较多时大青鱼会游到较浅处来，一般都只栖身深水处。

5. 打窝要大　对于诱饵不能吝惜，应在每个窝用300克以上的诱饵，才容易引鱼上钩。

6. 饵要大　要在钓钩上挂一些比较大的饵料，这样才会比较明显，也会引起大青鱼吞食的兴趣，效果较好的要数腥味饵料。如果用双钩或多钓钩，在一个钩子上挂一个螺蛳肉或大虾仁，效果最好。

7. 耐心遛鱼　大鱼上钩后，垂钓者要沉着、冷静、耐心地遛鱼。鱼越大，就需要越长的遛鱼的时间。

8. 注意避光　切不可在遛鱼过程中将鱼拖出水面，因为鱼怕强光，一旦遇到强光，就会用几倍的力量挣扎逃窜。

9. 翻白肚再捞抄　一定不能在没见到大鱼第二次翻白肚（即大鱼无力时肚子朝天）时捞抄。若在收线过程中感到有阻力时，就应立即停止收线，不再用强力收线。此时，若有鱼儿咬钩，正在收线的手会有明显的感觉。如果发现确实有咬钩的鱼时，应马上借由腕力猛然抖动一下钓竿，以便将鱼嘴用钓钩钩牢，然后开始遛鱼，将鱼遛至无力反抗时再将鱼拖近身边，用抄网将鱼捞起。若等了一段时间还没有鱼上钩，就将钓线用绕线轮收回，对其进行检查，如果发现钓饵完好无损，再将其甩向另一个钓点；一旦发现钓饵只剩少许或已没有了时，应及时换上新饵后再甩。

第五节 鳜　鱼

鳜鱼，也叫花鲫鱼、桂鱼。因其多为野生，且肉质细嫩味道佳，故而颇受人们的喜爱。

一、生活习性

鳜鱼嘴巴宽，鳞细密且小，牙齿尖利，性格凶猛，鱼体表面有片状的黄褐相间的花斑块，背部有硬刺状的鳍。鳜鱼是肉食性鱼种，主要食物来源是水中的小动物。如泥鳅、鲐鲦鱼、小鲫鱼、小虾，特别喜欢食泥鳅。鳜鱼多在水质清洁、多活水的水域生活。常在水中的岩石边、石洞中及有石块的凹凸不平的地方及乱树枝的间隙中栖息。鳜鱼的捕食方法独特，它不是游走觅食，而是“蹲点守候”，它身上的斑点与乱树枝、乱石块、树根须的颜色相似，极有隐蔽性，不容易被发现。当有小鱼或其他小动物从它身前游过时，它便凶猛地窜过去，张口吞食。

二、怎样诱鱼

钓鳜鱼通常不用诱饵。在肉类食物中，鳜鱼喜食少数几样饵料。

因此，这里只介绍怎样诱鱼。

（一）给鳜鱼造窝

由于鳜鱼有在石洞中及杂乱的堆积物中栖息的习性，所以将乱石块、木棒等堆积在鳜鱼经常生活的水中，就可能有鳜鱼钻入其中栖息，然后在旁边投钩下饵，即可钓获鳜鱼。

（二）食物链诱鳜鱼

因为鳜鱼喜食小鱼小虾，我们就可以想办法让小鱼小虾到某片水域聚集。其方法是将家禽家畜的碎骨头及剩饭剩菜、鱼骨头、肉杂碎等投入水中。一次不行，应连续几天抛投，这样，诱来的小鱼小虾多了，就会有鳜鱼来。这时在此下钩，效果不错。

三、鳜鱼的食饵

鳜鱼最喜欢吃的是活泥鳅，其次是小鱼小虾。最好选用长度在 5~7 厘米的细条活泥鳅，将钩挂在其脊背上，这样，泥鳅在水中仍可以游动，增强了诱鱼的效果。小泥鳅也有钻洞的习惯，因为身体被钩扎着，很疼，入水后的小泥鳅就会窜到石洞中躲藏，正好送到鳜鱼的口中。

也有人为了增强诱鱼的效果，将泥鳅的腹部剖开，让泥鳅流血。

四、钓具和钓点的选择

可用3.5米左右长的海竿钓鳜鱼，宜用中硬调竿或硬调竿。

钓钩选用钩门宽为8号以上的大钩。钓线用直径为0.4毫米左右的线，线应稍长。脑线必须结实，因为鳜鱼有较强的窜游力量。

如果是在流动的水域钓，为了增加钩线在水中的稳定性，坠子宜重；如果是在静水中钓，为了提高钩线的灵敏度，铅坠可稍小一些。

钓鳜鱼还可用竹篓钓法：到渔具店购买竹篓，竹篓的两头是两个像漏斗的堵头，细的一头是竹片尖。将穿上小鱼或泥鳅的钩放入竹篓中，线从竹篓边上穿出，然后竹篓的两端用两个堵头扣住并拴紧，防止堵头掉开。一旦有鱼发现了竹篓里的小鱼或者泥鳅，就会想吃掉它们，之后左右游动会发现从竹篓的两头可以钻进去。鱼一旦钻进去后就出不来了，因为堵头里边是倒刺状，无法钻出。

一个人可以同时将多只竹篓投入不同的钓点，渔线是延伸到岸边的。至于提篓的时间可以酌情灵活掌握。如果钓鱼者在水区附近住，可以头一天晚上投放竹篓，第二天早上收。若篓中没有，可以将篓中的死饵换成活饵，继续投放。

选择钓点：一是在钓别的鱼时无意中钓获了鳜鱼，然后在钓获处选择更好的钓点；二是事先知道某片水域有鳜鱼，有针对性地选择钓点。

因鳜鱼喜欢生活在多沙石少淤泥的干净水底，钓鳜鱼时应根据水边的土质判断出水底情况。鳜鱼喜欢坑洼不平的水底，所以也可先用空钩在水中多处投钩，探测水底是平坦还是坑洼不平。还可选择岸边是崖石或有大树的水域投钩饵，因为岸边是崖石，水下可能有岸洞；岸边有树，水下就可能有树洞或树根。如果是在湖泊、水库中钓鳜鱼，应在水深处选择钓点。

鳜鱼不像鲫鱼那么小心谨慎地吞食饵料，而是凶猛地一下子就将钩饵咬住，如果是对口味的食物，就立即吞食，干脆利落，此时的竿梢会晃动，鱼铃也立即响起，往往这时需要再耐心等待几秒钟，待鱼钩挂住鱼嘴时再动竿提线。

第六节　鲶　鱼

一、生活习性

鲶鱼又叫鲇鱼，该鱼口宽阔而腹部大，有齿有胃有须，皮肤上有黏液腺；头大而扁，体形很长，尾部狭扁。另外还有腹部灰白、体色青灰的白鲶鱼和常在静水中栖息的体色青黄的鲶鱼。

鲶鱼喜在水的下层生活，喜食鱼、虾、蝌蚪、小青蛙、蚱蜢等小动物，属肉食性鱼类。鲶鱼性凶猛，常在水草丛生的水域潜伏，待小鱼小虾等小动物接近时，即猛张大口将其吸入口内。鲶鱼喜流水，常结群逆水而上，有很强的适应能力和繁殖能力。鲶鱼好群居，有时会有数十条鲶鱼聚集在一个洞穴中。

鲶鱼肉质较好，是优质食用鱼。据说，该鱼的鳔有滋补作用。

一般用蚯蚓、小鱼为饵钓鲶鱼，并不难钓。但一到天气较冷的冬季，鲶鱼就会到池塘或江河底部打洞穴，不常出穴，因而冬季不易钓到。

由于鲶鱼长期生活在水底岩洞或沙砾中及坑塘、地下涵洞的阴暗处，所以视力已经退化，眼睛很小，喜暗畏光，但它有比较发达

的触觉与听觉，一旦其捕捉范围内有食物进入，它就会突然窜出捕食，十拿九稳。较大的鲶鱼有 3 对胡须，最大的一对胡须像长鞭一样，可长达 6 厘米以上，有极其灵敏的触觉神经组织在其长须的尖端，用来搜寻食物和感知周围环境。

二、垂钓用具

钓鲶鱼既可以用海竿，也可以用手竿，但不管用哪一种钓竿，其竿体都必须结实，竿尖应坚固而有韧性。

鲶鱼的嘴既宽又大，唇吻也厚，吞噬食物时极为凶猛，往往游过来就张大嘴，将钓饵连线一口吞进腹内，即使将鱼钓上了岸，要把钩摘下来也不是很容易。因此，需要选择钩门宽的大型鱼钩，如鹤嘴形 112~114 号钓钩，无锡生产的大号丸型钩或环柄的 2 号、3 号钩，HHH 鲤鱼钩 18~19 号。

钓线需较粗些的，如 4~6 号尼龙线。线的长度按钓竿的长度再加 50 厘米就行。

三、垂钓饵料

鲶鱼吃荤不吃素，是典型的肉食性鱼类，因此应用动物性饵料作为鱼饵。

（一）诱饵

鲶鱼尤喜腥味，可用纱布包裹一些动物内脏、动物骨头等，扔于钓点。另外，炒香的粮食类饵料也可用作诱饵，撒于水面可使小鱼小虾闻味前来抢食，这些小鱼小虾都是鲶鱼的好食物，也就起到间接诱鲶鱼的作用。

（二）钓饵

鲶鱼属于肉食性鱼类，因而需用动物性饵料。如小虾、小泥鳅、红蚯蚓、大青蚯蚓、小鱼、牛肉、羊肉、猪肉、小青蛙，还有蚱蜢、蝼蛄、蜻蜓、树虫、草虫、螳螂、飞蛾等。

上述鱼虾及昆虫，最好都是活的，活物作为钓饵，对鲶鱼的引诱力更大。其中最好的钓饵就是活泥鳅，因为它能钻洞，且不容易死，鲶鱼又爱吃。

四、钓位选择

（1）鲶鱼平时大多栖息在坑塘、湖泊的底层或各种水域边沿的石缝、岩洞或水下树桩的洞穴中，属于底栖鱼类。因为它害怕强光，这些地方没有光亮，一片漆黑，很安静，没有什么声响干扰，很适合于鲶鱼的习性，所以鲶鱼白天基本上都停留在洞穴中。而且，石缝或岩洞中常常生活着泥鳅和小鱼小虾等水生动物，这些都是鲶鱼的主要食物。所以选择钓点应以此为重要目标。

（2）鲶鱼活动和觅食一般都在夜间。游动时鲶鱼会选择自己喜欢的通道，即比较干净，没有杂草和其他障碍物的通道。垂钓者在夜间垂钓时，如在比较干净的通道上放钩，上钩率比较高。而夜间鲶鱼的目的是觅食，所以生活污水流入处、岸边水草区等水域饵料丰富，均可选作钓点。

（3）鲶鱼喜欢在有缓缓流水的水域中逆水上游，所以垂钓者下钩宜到小水渠或小溪流的流水缓冲地带。当鲶鱼逆水上游到比较疲倦乏力的时候，会到这些缓冲地带休息，而这时将钓钩放下，发现钓饵的鲶鱼就会冲上来猛然吞钩。

（4）如果要在小河道、小溪涧里钓鲶鱼，应在溪涧、河道的最狭窄处选择钓点，因为在水面宽阔的地方，放下钓饵后，鲶鱼经过时不容易发现钓饵，上钩的可能性比较小，但最狭窄处通常是鲶鱼夜间出来活动或觅食时的必经之路，它们必然会发现钓饵，引它吞钩的可能性就大得多。

(5) 一般在石桥、小水坝和石块砌成的圩堤边上，都有很多的缝隙和洞穴，越是年代久远的，就有越多越大的缝隙或洞穴，鲶鱼最理想的藏身之窝就是这些缝隙和洞穴，这些地方是鲶鱼垂钓者最不该忽视的好钓点。

五、垂钓方法

一般鲶鱼的体形不大，可以选用玻璃钢钓竿，长 5~6 米就好，钓线直径 0.35~0.4 毫米，如果是在江河中垂钓鲶鱼，可用稍微粗一些的钓线，钓钩用中号或大号，浮漂可用立式长浮漂，要用稍微重一些的坠子。垂钓时，先在钓点投放诱饵，由于鲶鱼视力差，饵钩入水后应随时提动。鲶鱼口大且贪食，一旦发现有食物，就会猛扑上前将饵钩咬住，这时浮漂很快出现黑漂，应及时提竿。上钩后的鲶鱼会猛烈挣扎，但其远没有鲤鱼、草鱼的窜跳力强，所以并不难将其制服。

（一）引小鱼做诱饵法

将米粒用曲酒浸泡半天至一天，捞出后晾干。在水草丛生水域撒入一把用曲酒浸泡过的米做窝，不久窝内就会引来许多小鱼摄食，这时就会有大鲶鱼被这些小鱼引来。垂钓者不失时机地将饵钩垂下悬在窝旁，并经常抖动饵钩，即可诱大鲶鱼吞钩。

（二）闸口引鱼法

鲶鱼最喜欢在阴雨天活动，通常会在有激流的闸口逆流而上，张着大口等待小鱼虾顺水而下。如果垂钓者这时将活饵安在钩上，抛入水中，并不时抖动钓竿，使钩上的饵料像活着的一样，很容易引鱼吞钩。

（三）蛙饵引鱼法

将粗线、大钩和重坠系到长度为4米左右的竹竿上，把钓钩穿入青蛙的脊背，投入有浮萍、水草或木排的隐蔽、无阳光的水域。垂钓者手持钓竿，使钓钩既不没于水中也不离开水面。鲶鱼发现钓钩时，会先游过来用胡须触碰一下钓饵，做一次试探，这时垂钓者不要提竿。过一会儿，鲶鱼会再用尾巴拨动一下钓饵，同时会有小浪花翻起，并发出声响。等到鲶鱼感觉不会有什么危险和反应时，便会一口吞下钓饵，并拉着钓线逃窜，垂钓者可以在这时用力将竿提起，把鱼拖上岸来。

（四）陡岸无漂坠钓法

如果想钓江河河岸陡峭的深水水域中的鲶鱼，可用一根长6~7米的独节粗钓竿，系上较粗的锦纶线，线要比钓竿长3~4米。将几个小铁环绑在钓竿的根部，线从几个铁环眼中穿过，一头扎牢在竿的根部，另一头穿过竿尖上的小铁环，拴上两个大歪钩，不需要铅坠也不需要浮漂。可以从田间捉一只田鼠做钓饵，然后把两个方向相反的钩刺入鼠的臀部和颈后。

垂钓者坐在岸上，双手握牢钓竿，让鼠在离水面半厘米左右的位置悬空着，但不放入水中。因为田鼠是活的，此时悬空着，它会四足乱蹬，而鼠是鲶鱼喜爱的食物之一，当大鲶鱼发现这里有美食之后，便会浮上水面，接近钓饵，先是用胡须试探性地碰一下，停一会又用尾巴把饵拨动几下，之后就会回过头来，一口吞下饵钩，并拖着钓线逃跑。此时的垂钓者应立即用力提竿上岸，便可获取一条大鲶鱼。

（五）浅滩钓法

通常阴雨天时，浅滩上都会涨水，这时是垂钓鲶鱼的好时机。把硬竹梢制成短硬的钓竿，安上粗线、大钩，不用铅坠也不用浮漂。将树虫装在钩上作为饵，由树虫的尾部将钩刺进，再从头部露出钩尖，放入水中任其漂浮晃荡，垂钓者微微将钓竿抖动，使树虫在水中犹如活饵，见此情景，鲶鱼就会冲上前去大口吞饵，垂钓者这时立即将竿提上岸，一定会有收获。

（六）插竿钓

鲶鱼通常都在夜晚觅食，所以夜晚是垂钓鲶鱼的好时间，而插竿钓是夜钓鲶鱼最简单易行的方法。在有洞穴或水草的岸边，用十来根手指粗、1 米半左右长的斑竹，每根竹竿系上 1 米多长的钓线，线端系上大歪钩，将鲜活的小青蛙或小鱼挂到钩上，不用浮漂也不用砣坠，让饵和钩悬漂在水面上。十来根竹竿一起插在岸边的泥土里，发现有鱼过来就起钩。夜间的鲶鱼大部分都会靠近岸边觅食，所以见到如此美食，往往毫不犹豫地大口吞下。鲶鱼吞食很猛，一旦吞饵就会被钩牢。

（七）无漂排钓法

鲶鱼在春、秋两季天气较凉时，不肯到水体上层活动，这时就可以使用5~6根钓竿，竿上不用浮漂，将大虾、小泥鳅、大蚯蚓、青蛙、蝗螂、小鱼等各种活饵各装在一个钩上投入水底。岸边放一个木架，将5~6根钓竿插在木架上排开，每个竿尖上系一个小铃铛。垂钓者只需守在木架旁边，见有哪个铃铛响起，就把这根钓竿提起，把鱼拉上岸。

第七节 罗非鱼

一、生活习性

罗非鱼本属热带鱼类，原产于非洲，其体形与鲫鱼相似，大小也与鲫鱼相似，只是体形比鲫鱼更扁些，因而有些地方将其称作“非洲鲫鱼”。我国台湾省1944年即引进养殖，内地则在20世纪50年代后期引进繁育成功。据说我国台湾的这种鱼是由两个台湾人从新加坡引进的，此二人在东南亚当过兵，一个叫吴振辉，一个叫郭启彰，所以当地又称其为“吴郭鱼”。吴郭鱼耐低氧，疾病少，适应性强，因其肉味鲜美、生长速度快，目前已成为我国池塘养殖中的一个重要鱼种。

罗非鱼食性杂，耐污水和盐碱，在淡水和海水中都能生长，但它并不耐寒，20~35℃是其最适宜的水温，如果水温在10℃就会停止生长，水温8℃时会死亡，所以比较难饲养越冬。一般冬季都在室内地热育苗，4月份投入池内饲养，9~10月份便能养成成鱼，成鱼体重一般可达500克左右。只有我国广东、云南、海南等冬季气温较高的地区才适合进行四季养殖，几年以上的成鱼多，个别的可达3000克重。罗非鱼生活在水域中下层，喜水温较高且含氧量高的水域，性情温顺文静，常在有隐蔽物的水下和有活水流入的池塘、湖泊中栖留，因为这样的地方既隐蔽又安全，还容易得到一些食物。

虽然罗非鱼属于杂食性鱼，但以植物性食物为主，食谱范围较广，在自然饵料方面可食淤泥中的有机质，以及各种藻类和其他植物碎片；人工饵料方面可食菜籽饼、豆饼屑、米糠及碎麦粒，也吃各种昆虫的幼虫。

二、垂钓用具

通常使用手竿钓罗非鱼，用溪流竿、鲫鱼竿也可以，竿最好用长些的，比较合适的长度为4~4.5米，竿梢的尖端要软些为好。若有条件，用6节、8节的玻璃钢手竿则更好。如果用海竿钓罗非鱼，最好将小型的转轮安装在竿上，可以方便收放线，可选用较细的优质尼龙线做钓线。海竿可用60~100米长的储线。

若用手竿，则钓线不宜太长，线与竿的长度差不多就行。

钓钩宜选用HHH万能袖钩3~5号或胡弓形218~220号。据有丰富垂钓经验的垂钓者介绍，用日产千又2号鱼钩钓罗非鱼最好。

鱼漂宜使用反应灵敏的风漂，漂的浮力应与坠的重力相等，使钓钩入水后能缓缓沉入水底。

三、垂钓饵料

(一) 诱饵

以素饵为主，主要是粮食类饵料，如粕饼粉、米糠、窝窝头、麦麸、酒米等。可做成漂浮性、缓沉性和沉底性三类诱饵，以适应不同水层罗非鱼的垂钓要求。

(二) 钓饵

罗非鱼荤素饵皆食，但偏爱荤饵，小虾、红虫、蚯蚓、蝇蛆等均是钓罗非鱼的好钓饵。素饵主要有面饵类、颗粒饵料、饭粒等，其中面饵可根据具体情况自行调制，这也是变化最大的钓饵。

罗非鱼爱吃的钓饵很多，荤饵有各种昆虫及其幼虫、火腿肠块、蚯蚓、虾和螺蛳肉等；素饵有水浸麦粒、饭粒、半熟的山芋、年糕块、馒头块、粮食制成的颗粒、成熟的桑葚及各种藻类植物等。

在各种钓饵中，红虫是钓罗非鱼上钩率最高的。

四、选择钓点

(1) 罗非鱼属于热带鱼，习惯于结群行动，所以常常结成较大的群体，在较暖和的水域中游弋嬉戏。可在向阳、温度较高的上风区选择钓罗非鱼的钓点，因为罗非鱼常会聚集在这样的水域，在这样的水域下钩，会有比较高的钓获率。

(2) 由于罗非鱼喜欢较高的水温，所以在一天之中，它会随着水温的升降而改变栖身的水层：若水温下降时，它会由浅水区向深水层转移；反过来，当水温提升时，它会由水深处向水浅处转移。垂钓者应掌握这个规律：在晴天，中午水温最高时，宜在浅水区下钩；早晚水温低，宜在深水区下钩。

（3）罗非鱼不易受惊，胆量较大，常到靠近湖泊、池塘边沿的地方游动和觅食，所以，钓罗非鱼一般在离岸2~3米处下钩就行，钓点不需要离岸太远。

（4）罗非鱼的窝子一般都在水底污泥之中，因为它比较喜欢在有比较深厚淤泥的水域中生活，特别喜欢生活在水底陡坎、凹凸较多的水域。如果找这样的水域岸边作为钓点，垂钓者也会有较大收获。

（5）罗非鱼是人工喂养的鱼类，需要人们定时投喂饲料，时间一长，就会形成习惯。到了喂食时间，鱼儿便会在经常投食的水域中自动群集等候食物的到来。如果垂钓者能掌握住这样的规律，赶在投喂饲料前1~2小时到投喂处附近下钩，可以有较好的收获。

五、垂钓方法

（一）手竿底钓

因为罗非鱼的个体不大，所以钓罗非鱼用钓鲫鱼的钓具即可。垂钓前，要在离岸3~4米处打大窝子，钓饵多用荤饵，蚯蚓是用得最多的钓饵，钓钩用单钩或双钩。罗非鱼吃钩的时候，一般会在口中品尝饵食，所以浮漂不会有太明显的反应，大多是上下抖动，且幅度不大，及时提竿常可得鱼。

1. 双钩贴底钓罗非鱼法　垂钓前，要先将下钩水域的深度测明，因为罗非鱼喜欢在水体中下层栖身，因而要让钩饵沉到水体中下层才容易钓到此鱼。测明水深后，将浮漂定在钓线的适当部位，这样可使钓饵正好贴近水底。

先将两根略细于主线的支线扣在钓线的顶端，支线的线端扣上一个钓钩，将红虫或蚯蚓等钓饵挂在钩上，将一小把豆饼粒在下钩前 15 分钟投入钓点打窝，再过一会即可将钓饵投入水中，让其沉至水底。这时，垂钓者可以向左或向右徐徐移动钓竿，使两个钓钩在水底并行，尽量让钓饵贴近鱼，给鱼儿送食上门，使鱼儿不得不被动吞钩。

罗非鱼的摄食方式与其他鱼类不同，它的摄食特点是轻微、稳重和幅度小，不会像其他鱼那样张口猛吞。罗非鱼上钩后，反映在浮漂上的变化有两种可能：一种是出现浮漂急速下沉，即“黑漂”；还有一种是浮漂缓缓上升 2~3 厘米，即通常所说的“捧漂”。遇到这两种变化时，垂钓者应该立即做出反应，稍用腕力将钓竿突然抖动一下，使钓钩钩牢鱼嘴。

假如“黑漂”发生，则可能上钩的是 500 克左右较大的罗非鱼；如果出现“捧漂”，一般说明上钩的鱼不大，在 200~300 克。若从手感上感觉出是 500 克以上较大的罗非鱼时，则不应贸然提钩，而应该用钓竿将鱼牵引出钓点，在尽可能离岸近些的水域慢慢地遛鱼，待牵引几个来回将鱼拖疲以后，将它拖近岸边，用抄网捕捞上岸；若估计为 200 克左右的小鱼时，垂钓者应一气呵成，将其直接拎上岸来。

另外，钓上一条鱼后，为了不将钓点破坏，不能让水体发出太大声响，以免惊跑其他鱼。因为罗非鱼有合群的习惯，继续在原钓点下钩，继续用此法逗诱，有可能连续钓上几条罗非鱼来。

2. *高低钩钓罗非鱼法*　根据罗非鱼喜欢集群活动，且经常生活

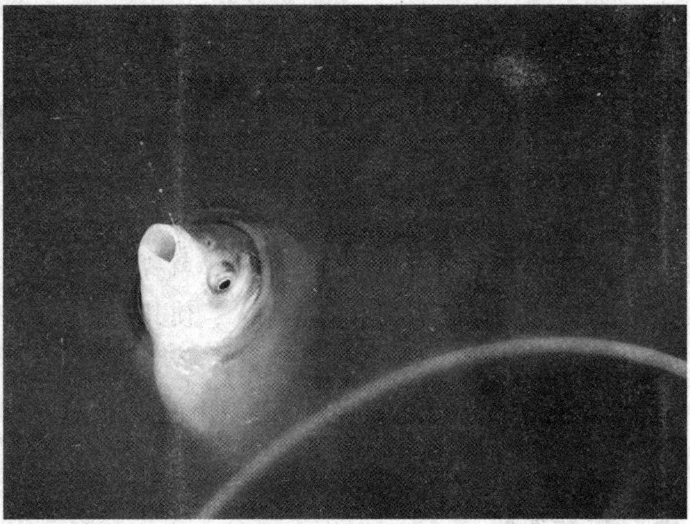

在水体中下层，能在池塘中水底软泥处打洞藏身，活动于池塘浅水处的特点，人们设计出一种钓法：将双钩在钓线下端错开，一高一低，低钩沉入水底，高钩则悬浮在水中，比低钩要高 10~15 厘米，而且一钩用荤饵诱鱼，另一钩则用素饵诱鱼。

垂钓时，在钓钩放入水中后，垂钓者仍将钓钩缓缓移动。这种钓法的第一个优点是：既能招引沿水底浮游的罗非鱼上钩，又能招引藏在软泥中的鱼；第二个优点是：虽然罗非鱼喜欢吃动物活饵，但它们毕竟还是以素食为主的鱼类，因而有时会吃植物饵，所以有荤有素的高低钩，就可以投其所好，任凭鱼儿各取所需，使其称心地上钩，从而将钓获率大大提高。

不过，采用这种方法必须要在技术上掌握好一个问题，那就是浮漂的浮力和铅坠的重量必须配合恰当，才能达到一钩悬浮、一钩沉底的理想要求。要做到这点，需做好两件工作：一是先将此水域水的深度测明，这样才能确定浮漂定在钓线的什么位置最适宜；二是为了将浮漂的浮力与铅坠的重量调节到均衡的程度，使高低两钩能正好一个沉底，一个悬浮，最好事先在大水缸中做好试验。

另外，还有一点需要注意：罗非鱼唇圈外缘具有角质，很坚实，钩尖很难刺进去，但口腔四周的薄膜却极易被刺穿。罗非鱼在摄食时通常都比较迟疑且斯文，咬到饵钩后，一般要停顿一会儿才会继续吞钩，也有将饵钩吐出来的时候。根据这个特点，垂钓者一旦发现浮漂显示出有鱼咬钩的信号，就要马上抖动一下饵钩，以便让饵钩从其口腔周围的薄膜刺入，使其不能吐出饵钩而被牢牢钩住。

用这种方法垂钓，常常可以得到一箭双雕的效果，即两钩均能钓上鱼来。

（二）手竿浮钓

罗非鱼喜温，如果水底的水温略低于中上层水温，它就会到中上层活动，这时应采用漂浮性、缓沉性诱饵打大窝子，而且还应钓浮钩，才能更好地诱集中上层罗非鱼。若窝点处出现水花，很可能是罗非鱼在吞食浮饵。垂钓者应在这时将钓钩落水的深浅调整好，将挂好钓饵的饵钩轻轻地放到水花附近。浮钓时，罗非鱼咬钩的反应多为吞食，浮漂的反应多为横移或黑漂，这时都应及时提竿。

（三）海竿串钩钓

因为罗非鱼的体形较小，可以将4~5枚小号钩拴成串钩，用蚯蚓、小虾等荤饵做钓饵，也可挂不同钓饵。将钓钩甩至离岸边10~20米的水域，收紧钓线，支好海竿，挂上小铃，即可静候，待铃响或看回线提竿即可中鱼。由于罗非鱼喜群居，所以会有很高的上鱼频率，因此将串钩甩至钓点后，可采取握竿在手并绷紧钓线的钓法，如果手上感觉到钓线在拽竿，就可以提竿。

需要特别提醒的是：罗非鱼的鱼鳍非常尖硬，而且会在受到攻击时全部竖起，很容易刺伤垂钓者的手掌，所以事先要准备一块厚布，摘钩时将鱼用布包住，并将竖起的鱼鳍从头到尾按下，再摘钩。

第八节 鲢鱼、鳙鱼

鲢鱼，也称白鲢、水鲢、鲢子、跳鲢等。

鳙鱼，又叫胖头、黑鲢、麻鲢、包头鱼、花鲢、胖仔、松鱼。

鲢鱼的形状与鳙鱼极相似，只是鳙鱼的头大，鲢鱼的头小，而且鲢鱼长得较匀称，其颜色也较鳙鱼白，所以叫白鲢。

鲢鱼、鳙鱼都是我国淡水养殖的主要鱼种，其数量最多，产量最高。养鱼人多把鲢鱼、鳙鱼混养。所以本节也将鲢鱼、鳙鱼放在一起介绍。

一、生活习性

水中的浮游生物和小昆虫，如蜻蜓幼虫、水蚊虫等水面小虫是鲢鱼、鳙鱼的主要食物。人工养殖时多用玉米粉、豆饼粉、麦麸等加工成的颗粒饲料喂养鲢鱼、鳙鱼。

鲢鱼、鳙鱼生活习性相近，生活在水的中上层，喜风，喜阳光，喜肥水质。如饲料对口味，生长迅速；水面光照差、阴冷（如山谷中的池塘）则生长缓慢。鲢鱼对氧气有非常高的需求，如果水质不好、水中缺氧且气压低时，鲢鱼就会游到水面张嘴呼吸，有些塘因为水中缺氧等原因，常常导致大批鲢鱼死亡并漂浮在水面，这种现象在农村称为“翻塘”。鲢鱼生性胆小，如果因人为因素使水中产生波浪或遇到大的响声，它们常常会从水面跃出，在用网捕鱼时经常会看到这种现象。

二、饵料

鲢鱼、鳙鱼喜食带有酸味、甜味的饵料，有时喜爱带腐臭味的饵料，但不是杂食性鱼类。鲢鱼、鳙鱼也是最难钓获的鱼种。许多垂钓者通过仔细研究钓鲢鱼、鳙鱼的食饵，找出了一些较为有效的饵料配方。

（1）玉米粉 60%、面粉 40% 拌匀，用开水冲烫后捏成团，蒸熟，再掰碎，加酒曲（或酵母粉）拌匀，放入容器密封，或放入塑料袋中扎口。热天可放置一周以上，若春、秋气温不高，可放在太阳下晒，使之产生酸味、香味，然后取出待用。

（2）面粉中加少量麦麸、玉米粉，加水揉成团，面团外面再粘些干面粉或玉米粉。钩、饵入水后，面团外面的干粉会浮在水的中上层，起到诱鱼的作用。

（3）麦麸粉、黄豆粉、臭豆腐（或臭豆腐乳）调和。

（4）将适量红薯蒸熟，捣成泥，加入豆粉、糖或蜂蜜、米糠、少量水或酒，拌成团。此饵为香甜味，用甜米酒代替水和酒也行，其味更醇厚。

（5）将鱼肠、家禽内脏、骨头等放入罐中，加水浸泡，加盖密封，半年后，罐中水变臭，用此水加入米糠、面粉调拌成团。此饵有酸臭味，是专门钓鲢鱼、鳙鱼的饵料。

（6）各种饼粉加麸皮，文火炒出香味，将甜酒拌入其中，密封发酵，半个月后即成酸香味很浓的钓饵。

（7）用一小团黄豆大的阿魏，加水 150 克左右溶化，然后加入面粉、豆粉揉拌成团使用。

(8) 将马铃薯粉或红薯粉与玉米粉拌和，再加入甜米酒或酒曲，捏成团，密封半月使用。

(9) 在食用酸奶中加入玉米粉及淀粉，密封数日使用。

(10) 用水浸泡话梅、果糖等，其水中加入麸皮、面粉拌匀。

从上述饵料及其配制方法可以看出，主要目的是使饵料有酸味、臭味。主料成分中有疏松料——麸皮、玉米粉；添加剂——酒、酒曲、臭水、带酸味的食用糖果；还有黏合剂——面粉等。制作方法：一是揉拌生用；二是蒸熟用；三是密封发酵后使用。三种方法均可，其中效果最佳的是密封发酵后使用。掌握了鲢鱼、鳙鱼的食性特点，可以调配多种饵料。因各地鱼的食性、养鱼场所投放的饲料及气温不同，配饵时要灵活掌握，达到用之有效的目的。

应适度掌握饵料的黏松度。因为鲢鱼的吃饵方式是张开嘴让饵料随水流吸入口中，所以饵料应松软一些。但太松散了，饵料入水即散，会很快脱钩，也不行。为了保持饵料的黏度适宜，配制的饵料既要有细粉状物质，也要有颗粒状、小片状物质。钓鲢鱼，配制饵料是关键的环节。

三、垂钓钓具

因为鲢鱼、鳙鱼与普通草鱼的体重相似，所以钓鲢鱼、鳙鱼所用的渔竿、钩、线可与钓草鱼所用的相近。不同的是，应在水的中上层垂钓鲢鱼、鳙鱼，所以就不需要用太重的沉底铅坠，也无须使用双钩。

四、垂钓方法

鲢鱼咬钩时浮漂出现的反应与草鱼咬钩的情况近似。浮漂稍动几下就会被鱼拉入水中，垂钓者这时要马上扬竿。鲢鱼窜劲小，也比较老实，只要是对口味的饵料，鲢鱼要比鳙鱼好钓。在一般塘口鳙鱼的数量较鲢鱼少，吃饵又比较谨慎，没有鲢鱼易钓。

因为要用一些较松软的钓饵钓鲢鱼，所以入水几分钟后，钓饵就会化开，所以每隔几分钟就应提竿，看钓饵是否已脱钩。

（一）炸弹钩浮钓鲢鱼

在气温较高的夏季，鲢鱼一般都会在水面下 30~50 厘米处活动，这时就要采用浮钓法。用大号立柱形浮漂或球形浮漂。

为了防止因水浪造成浮漂、钓组移位，可在浮漂与竿梢之间加一活动铅坠。钓组入水时活动铅坠即沉入水底，可以有效避免浮漂、钓组的移位。

（二）飞钩钓鲢鱼

用 6~8 只 10 号以上的大钩组成“集团钩”，这也是海竿用的炸弹钩，将一团钓饵捏好，不用包钩，而是将钓钩的脑线包住，让钩裸露在外，在饵团四周散开。由于上述鲢鱼的吃饵特点，使用没有钓饵的钩很容易将鱼嘴挂住，又是许多只钩，会挂得很牢。

（三）钩挂鲢鱼

在用飞钩浮钓鲢鱼时，还可以直接用钩将其挂住。飞钩也是炸弹钩的一种。这种钓鱼方式的挂饵方法是：捏一团饵料，将炸弹钩的脑线全部勒进饵团，再捏紧饵团。钩在饵团的外面。飞钩使用的是硬脑线，所以每只钩不是耷拉着，而是力挺在饵团的四周。飞钩浮钓自然有浮漂，应用纺锤形或长形立漂。由于鱼在吸喝饵团时会有吸力，就会使饵团向鱼嘴边移动，自然就会使浮漂向前倾斜。垂钓者此时就可将钓线向浮漂倾斜的反方向猛提，鱼钩就会挂住鱼嘴或鱼体的其他部位。

（四）底钓

鲢鱼、鳙鱼多在水的中上层生活，但有时因为水温、气温、水中溶氧量等原因，而生活在水的底层。如果使用浮钓法无法钓到鲢鱼、鳙鱼时，就可以尝试使用底钓法。底钓，可以用炸弹钩。将面团类的素饵挂到钩上。因鲢鱼吃食的方式是滤食，也就是喝食，所以应让面团松软些，入水底后几分钟内就化开，这时钩基本上是裸钩，鱼一旦发现饵料，在喝食饵料时会将钩喝入口中。

串钩也可以钓鲢鱼、鳙鱼，所用饵料也是面团类饵料。

(1) 玉米粉500克，蚕豆粉150克，甜米酒250克，面粉100克。将上述原料混合做成小饼，上笼蒸熟，晾凉，掰碎，加入味精5克。

(2) 酒糟饼粉诱饵。麦麸粉40%，面粉15%，豆饼（或菜籽饼）30%，酒糟15%。以上原料混合拌匀，垂钓时用钓场的水调制。

(3) 熟甘薯500克，鱼粉50克，麸粉500克，加水揉拌。

(4) 糠饼粉400克，炒香芝麻粉100克，麸粉300克。加水调拌，也可加50克曲酒。

(5) 玉米面500克，炒香的蚕豆粉200克，再加入100克曲酒拌匀。

(6) 糠粉400克，豆渣400克，麸粉100克。拌和，用开水烫熟，趁热装入塑料袋，扎紧袋口捂闷，然后在太阳下暴晒1~2天。

(7) 400克麸粉，100克炒蚕豆粉，100克玉米糁，50克曲酒。加适量水拌和。

第九节 鳌鲦鱼

一、生活习性

鳌鲦鱼是常见的淡水小型鱼类，又名鳌子鱼、硬头鳌、白条鱼、鳌鱼。该鱼可分为贝氏鳌鲦和普通鳌鲦两种。贝氏鳌鲦较小，最大个体在13厘米左右；普通鳌鲦较大，最大个体可达20厘米长。鳌鲦鱼数量多、分布广、繁殖快，可以在各种水体中看到它们的踪迹。

鳌鲦鱼身体修长、侧扁、银白色，腹面全部具肉棱。侧线在胸鳍上方急剧向下弯曲，至臀鳍基底后方，再弯向上方至尾柄中央，背鳍有硬刺。

鳌鲦鱼到处游窜觅食，性格活泼，春、夏、秋季在水体上层活动，天冷时到深水处越冬。水藻、溪虫、水生和陆生昆虫及各种浮游生物都可做其食物，食性较杂。鳌鲦鱼喜群游于水域中上层，主要分布在我国各江河、湖泊、池塘和水库中。鳌鲦鱼游动迅捷，听觉与视觉都比较灵敏，对倒影的晃动及各种声音反应极快，垂钓者应对这些特点加以注意。

二、垂钓饵料

鳌鲦鱼荤素皆食，食性杂。垂钓时，可选用麦麸、米糠、面粉、食品残屑等做素诱饵，使用前将部分饵料炒香，如能在其中加入蚕豆粉、黄豆粉等，则效果更好。素钓饵也可用饭粒、面团。

由于鳌鲦鱼食性杂，钓饵荤素皆可。荤钓饵可用苍蝇、蝇蛆、蚯蚓、菜虫、小蜘蛛、飞蛾、水生昆虫；使用动物的内脏作为荤饵时，应将其切碎捣烂。

三、垂钓用具

选用钓鳌鲦鱼的钓具应掌握轻便灵活的原则，竿体要轻，竿长4.5米左右较为适宜，可用芦竹竿，也可用竹制的插芦竿及玻璃钢竿，据说有些地区的垂钓者采用8米长的芦竹竿，也收到很好的效果。总之，不管使用哪种钓竿，都要保证质轻和有弹性。

钓线的长度应和钓竿的长度差不多，可选用较细的（直径0.10~0.15毫米）尼龙线。

宜用小钓钩，细而坚韧的钢丝，可选用专门钓鳌鲦鱼的拟饵钩(制成苍蝇的形状）或 HHH 细地袖钩 2~4 号。

浮子可用 4~5 厘米长的羽梗浮，钓钩与浮子之间保持 10~15 厘米的距离。铅坠也宜用小而灵敏的；如果采用浮钓，可以不用铅坠，甚至也不必使用浮子。

第七章 钓鱼小窍门

第一节 遛鱼技巧

遛鱼是海竿技法的重要组成部分之一，只是对海竿上的大鱼进行遛鱼时，要比手竿类轻松、方便些。遛鱼方法主要有以下几种。

（一）撩逗遛鱼

海竿遛鱼的第一步就是撩逗遛鱼，主要是应对大鱼“打桩”。如果发现竿梢被拉成弓形或竿梢连续抖动，扬竿又拉不动时，就很可能是大鱼“打桩”。这时不能生拉硬拽，也不能着急，而是要将钓线绷紧，轻轻地、间隔性地提拽钓线，多次重复这个动作，十几分钟后，大鱼因为实在疼痛难忍就会浮动起来，此时再按照正常遛鱼的方法进行遛鱼即可。如果鱼不“打桩”，海竿遛鱼就可直接进入长线遛鱼。

（二）长线遛鱼

长线遛鱼的要领是，遛鱼时要将鱼控制在离岸 25～30 米处，先将鱼遛疲，再将其往近岸处牵引。这样做的好处是温和地消耗鱼的体力，减少对鱼的刺激，从而降低折钩、断线、逃鱼的概率。通常见到人和竿时，鱼都会受到强烈的刺激，就会玩命地挣扎。先将其体力温和地消耗掉，之后将其拉到近岸，鱼受到刺激时，即使再想挣扎也已经没了力气，从而可保证起鱼的成功率。

要做到长线远距离遛鱼，遛鱼时就要收线与放线并重，让鱼始终处在离岸 25～30 米的较远处，不可只收不放。有一点需要注意，遛鱼放线时，不能让鱼拉着线轻松地走，而是要通过线轮的曳力控制，让鱼在比较费力的情况下拉着线走，从而达到消耗其体力的目的。通常在遛过几次大鱼后，就会体会到线轮的曳力对控制大鱼有多重要。

第二节 投竿要诀

一、手竿投竿方法

（一）弹送法

是手竿用得最多的一种投钩方法，便于操作，容易投准是这种方法的优点。在钓位拥挤、后有障碍的环境下特别适用于长竿长线。方法是面向垂钓水域，两脚前后开立，右手握竿柄，目视钓点前方，竿尖指向钓点，将铅坠用左手拇指和食指握住，稍用力回拉，使渔竿形成弓形并与水面垂直，然后松手。此时，握竿的右手快速上扬、前送，在弹出铅坠的一瞬间，使钩、线、竿成一条直线，飞向钓点，整个动作要求衔接连贯。在钓组入水下沉时将渔竿回拉，待浮漂立起后，再将竿送回。

（二）背送法

适合于水面宽阔且后方和上方都无障碍的水域，在迎风岸垂钓或钓点距岸较远时最能显示其优点。

（三）侧投法

适合于钓位两旁空旷且竿子较长的情况。

二、海竿投竿方法

（一）劈投法

面对投掷目标，双脚前后站立，左脚在前，脚尖朝向前方钓点。右手握固定绕线轮支座脚，扳开出线环，食指钩住钓线，左手握住竿柄尾部。将竿举到头顶中央，竿尖向后下方倾，重心移向左脚，以劈砍势甩臂掷向前方目标，为了避免造成断竿，发力不能过猛。当渔竿运行过半，距水面约45°时，将勾线的食指伸开放线，平时练习时，一大要点就是放线的时机。与此同时，握竿柄的左手应移至左侧腹部，右手握竿前伸，将竿尖向下压，使竿体呈水平状态，至此便完成了投竿的整个过程。等到饵钩落水以后，要将出线环扳回，并收紧钓线，置于竿架之上。如果有障碍物在钓位的上空，则不适合使用此方法。

（二）抡投法

抡投法又叫平投、侧投，就是通过将渔竿横抡平投使钓组到达预定钓点水域。当钓位上空有树枝、电线等障碍物时，用此法为妙。投掷距离远是此方法最大的优点，最远能投100余米。

钓手应侧身站立，竿尖与目标成180°，身体与目标成90°，将渔竿横握与腰同高，投竿时将竿自右向左平划出一个180°的半圆形轨迹。因为这种投法与放线的时间不容易配合，所以这种投法也是最难操作的。放线过早投不到位，放线过迟会投过目标，既不易掌握左右偏差，又不易掌握前后距离，因此准确性较低。

（三）撩投法

该法属于低位出竿，当有障碍物在钓位的上空和两侧时，用这种方法出竿较为有利。但由于渔竿活动距离较小，抛投距离较近，一般只能投三四十米远。

撩投与劈投刚好相反：撩投是自下而上地撩动渔竿，而劈投是自上而下挥动渔竿。

钓手采用侧站位，将渔竿斜持于腰部，竿尖朝前尽量接近地面，应尽量将坠子和饵钩收到竿尖。垂钓者要在投竿时用腕力和臂力使竿尖自下而上撩出，并在适当时机将压线的手指松开放线。撩投应使用重一点的坠子，因为如果用轻的坠子，操作起来会不太方便。

第三节 提竿要诀

一、提竿时机

鱼在水中咬饵，人只能通过漂相来判断鱼情。提晚了，鱼已吐钩而去；提早了，鱼尚未入口。所以提竿既不可以过早，又不能太晚，否则都会空钩。因鱼种与环境的不同，提竿时机也会不同，必须结合钓法与漂相刻苦练习。

另外，提竿时机与水深、季节、钓组、钓饵的关系都很密切。如水浅，水线就短，鱼吃钩时鱼漂反应较为迅速和明显，无论见到浮漂上送还是下沉，提竿都应稍迟，宜于保准；水深，水线也长，鱼吃钩时鱼漂反应则慢或不明显，见漂稍上升或下沉，就应提竿，倘若稍迟一步，鱼已经吐钩。初春时节气温低，鱼游动缓慢，摄食动作小而轻，浮漂抖动也轻慢，有时不太明显，见漂抖动即可提竿；在气温高的夏、秋季节，鱼比较活跃，摄食凶猛，游动迅速，咬钩后浮漂的抖动速度也比较快，所以见到浮漂斜移、下沉（或上送）时，就可以马上提竿。擦底钓时，饵钩立于水底，灵敏度高，浮漂反应明显，提竿宜稍迟；卧底钓时，坠的重力要比漂所受的浮力略大一点，饵钩横卧水底，稳定性好，但浮漂反应不太明显，灵敏度较低，应稍微早一点提竿。

再如荤饵结实，入水不化，可以等到浮漂有明显动作时再提竿；素饵大都质软而松散，入水易化开而离钩，如果离钩就无法引鱼咬钩，所以浮漂反应不大时就要提竿。

二、提竿方法

一般提竿由“抖竿刺鱼”和“提竿出水”两个动作组成。

抖竿：使用3~4米的短竿，一般单手操作，适合采取撩提，一般通过“抖腕”来实现撩提的抖竿动作。钓鱼者手握竿柄，用爆发力向上抖动手腕，使竿尖上翘，瞬间将钩上提从而使钩深刺鱼嘴。动作要领是短促有力，但为了避免断线或折竿，用力又不能过猛。

如果使用的长竿达到7米以上时，用手提竿就会非常吃力。所以此时都会采用金属支架，而这种情况下提竿时，不是提而是下压竿柄，使竿尖上翘。下压的力量同样要短促有爆发力，以使鱼钩钩牢鱼嘴或鱼身。

抖竿之后的步骤就是提线，如果没有鱼，线就会很轻，这时就可以将线慢慢提出水换饵；有鱼时，线发沉或有扭动感，应紧绷钓线，而后视鱼的大小采取相应对策，或遛或提，成败在此一举。

第四节 提高上钩率

上钩率就是钓上鱼的条数与提竿的次数之比。比如你钓上 7 条鱼，一共提过 10 次竿，上钩率就是 70%。

上钩率的高低，直接影响鱼获量的大小。下面介绍三种提高上钩率的诀窍。

上钩

一是坠子的轻重要适当，其轻重要看坠漂的搭配情况，搭配要求根据垂钓方法的不同而不同。以沉底钓为例：如果坠子和钓饵都漂浮在水中不着地，那就是坠子太轻。坠子太轻把沉底钓变成浮钓，自然也达不到多钓鱼的目的。如果将坠子沉到水底，让钓饵躺在水底，但钓了很久也不见漂动，将竿提起来后发现钩上的钓饵已经被鱼吃光了。这时稍稍一拖钓饵，鱼感到重量便立即吐钩跑了；或者鱼吃饵动作不大，没有拉动坠子，这样的坠子就太重了。适合的轻重是，坠子浮于水中，钓饵刚沉到水底地面上。这种坠漂搭配关系只要鱼稍微触动钓饵，坠子也会跟着动，坠子动就带动上面的漂，其灵敏度是相当高的。

在上坠子的时候要做三次试验，以确认坠子轻重是否适当。如果在手竿上装五星漂，先看坠子在三个漂入水时是否悬空，如果空鱼钩触到了水底的地面，就合适。再看两个漂入水，坠子和鱼钩是否都沉到水底地面上；再看四个漂入水，坠子和鱼钩是否都悬在水中不着地面。经过这三次试验，鱼漂、坠子、鱼钩这三者的合理搭配方式就可以确定了，自然也就有了较高的灵敏度。不论在哪种池塘里垂钓，只要记住水面上要有两个漂，其余三个漂沉入水中，如果水面少了一个漂，或者多了一个漂，就是鱼在吃食了，这时立即提竿，便可获鱼。

二是上蚯蚓的诀窍。有的垂钓者，习惯将一条长蚯蚓的 1/5 钩在钩上，让其余部分留在钩外，他们以为这样能让蚯蚓在钩头摆动，

可以有效提高诱惑力，却不知事实上这样挂饵利少弊多。将一段长蚯蚓留在钩上，一是小鱼会闹钩；二是鱼难于吞下钩饵。因此常出现提竿无鱼，蚯蚓丢了的现象。

最佳的上蚯蚓的方法是，只留麦粒大小的蚯蚓在钩尖，目的是将钩尖盖住。这样，鱼吃饵时很快就会把钩吃进嘴里。在池塘里钓鲫鱼，上钩率可达70%。

三是用海竿在湍急的江河里垂钓时，应选择合适的坠子。因为江河里的水比较急，如果用轻的坠子，钩饵就会随水漂走，钓不到鱼。所以在江河里垂钓，人们往往要缚上100克以上的坠。可这样重的坠子沉到河底，又会常发生饵被鱼吃光，却不见海竿梢动的现象。因此，有人为了解决这一矛盾，发明了一种活坠。这个坠子用锡或铅、铜铸成枣核形，中间有个比渔线稍粗的小孔。为了不让坠子滑到鱼钩上去，从小孔中把线穿过去，并在离鱼钩10厘米左右的地方缚点什么东西，或打个结。垂钓时，将坠子（包括钩饵）抛向江心，然后把线拉直，枣核形坠子就卧在水底地面上，钓饵在它的前方。虽然坠子在鱼咬钩时不会动，但此时的渔线可在坠子的小孔中滑动，将竿梢带动起来。这样就能及时判断鱼情，提高上钩率。

第五节　避免小杂鱼的打搅

所谓小杂鱼，是泛指那些小麦穗、小虾虎、小船丁等混子。手竿垂钓中（尤其是陈年老塘野钓）如果有“混子”来打搅，往往让人大失钓趣，分明看到了有“鱼星”在窝子里冒上来，可是饵钩放下尚未沉底，即被这帮小东西半路抢劫，把浮漂拖得滴溜乱转，不消几下钩上的饵食即被啃得精光，从而对大鱼上钩产生影响。这时为了排除干扰可以采用以下方法。

一、吓唬

如果有捣乱的“混子”时，可以猛地一顿钓竿，将它们吓跑。只是这种招数的效果不能长久，这些“混子”往往过上一会儿又会回来再闹，没完没了。

二、引开

如果钓上了几条“混子”，却仍不见收敛时，就可以在窝子上游（或上风头）两米左右的水面撒上一些米糠、草籽、干麦麸或其他带香味的粉类饵料，通常都会将其引走。

三、隐藏

在离窝子1米以外的地方投下饵钩，待沉入水底后，再将其慢慢往窝子里移动，不让小杂鱼们察觉。

四、改变诱饵

小杂鱼们对炒芝麻粉、炒豆粉等香味饵料有很浓的兴趣，闻香即来，来即闹腾。如果出现这种情况，就要果断改变诱饵配方，投大鱼爱吃的饵料，少加或不加香味饵料，诱使大鱼进窝，就可迫使小杂鱼逃之夭夭。

五、变换钓饵

小杂鱼对蚯蚓、红虫等荤腥饵非常有兴趣，但对面团等素饵兴趣不高。为此，可用小面球、饭粒、豆饼粒等素食来代替红虫、蚯蚓、蝇蛆等，就能减少干扰。钓友们如果选择在野塘钓鱼，可以将少量麝香小米掺入面饵中，采取搓饵的方法将饵的比重加大，可以增快其下沉速度，也会有较强的穿透力，可以很快招来鱼群。“大鱼到，小鱼逃”，从而有效地减少“混子”的打搅。还可以采取加大饵粒和硬度的方法，小杂鱼嘴小，吞不下啃不动，就会悻悻游走，效果也会不错。同时饵粒大下沉速度就快，便于底层大鱼很快发现饵料。

六、弃浅钓深

钓谚说“深水钓大鱼，浅水钓鱼苗”，此言不谬。如果有围攻的“混子”出现，垂钓者应就近寻找离岸稍远的深水域重新下窝，通常大鱼多在深水处，而惧怕大鱼的小杂鱼往往不会涉足深水，它们经常聚居的场所就是浅水区，故用此法可收到明显的效果。

七、游击战术

这种方法需要多打几个窝子，距离要稍微远一些，这样就可以“打一枪换一个地方”。当在某个窝点钓上一两条鱼后，如见“混子”开始闹腾，便应立即将此处舍弃，另换一个。这样有选择地轮番施钓，可以有效避免小杂鱼的干扰，自然就会有较多收获。

八、强小杂鱼所难

将比较大的红蚯蚓在白酒里浸泡 10 分钟后，蚯蚓就会醉酒昏死，此时其身体变短变粗，富有弹性，装钩后很结实，小杂鱼难以啃动。如用此法钓鲫，最好用酒泡小米喂窝，使诱、钓饵味相同，不愁没有好的收获。将颗粒鱼饲料用气门芯套住，挂在钩上，与上述方法有异曲同工之妙，小杂鱼无可奈何，在养鱼池采用此法垂钓比较灵。此外，不用白色的镀锌亮钩（包括亮坠），而是尽可能选用稍大一点的黑色鱼钩，并尽量选择水色较浑的水域，也可减少“混子”打搅。

想要完全避免小杂鱼捣乱不太容易，只能略施小计将其赶跑或“调”走。另一方面，有谚语说：“大鱼到，小鱼逃。”所以有小杂鱼进窝是一种预兆，通常的规律是“小鱼打前阵，大鱼随后到”，一旦它们停止闹腾，离大鱼进窝也就为时不远了。因此，遇到“混子”打搅，不要急着换地方，也不必心烦气躁，看看情况再说，说不定是一个好兆头。如若小杂鱼闹腾很长时间，没完没了，则说明这个地方没有大鱼，挪窝换地非常必要。

第六节 避免渔竿卡节

钓鱼结束收竿时，最扫兴的事莫过于手竿发生卡节，退不回来、收不进去。卡节之事多发生在垂钓中有过挂底、使蛮力拉过渔竿或钓上过大的鱼之后。渔竿卡了节之后欲缩不能，无法装进竿包，躁急之余，猛拧狠退，断竿折节就在所难免，下面介绍几点卡节的原因及应对方法。

一、铅坠太轻

底钩的铅坠通常都要在 150 克以上，如果轻了，不容易甩远。若在流动水域或江河垂钓，或是逆风甩钩，还需更重一点。

二、操作方法不当

甩不远的另一个重要原因是钓线上没拴“把手”。有的钓鱼者或缺乏经验或图省事，直接将坠子用手拿着抛甩，如果是二三十米的近距离没有问题，再远了就很困难。有的钓鱼者虽是采用提线过头顶旋转抛甩，但是由于尼龙线发滑，必然会在抛甩时提心吊胆（怕鱼钩挂手），不敢用力，自然难以甩远。

三、放线方法欠妥

不是钩子钩住了主线，就是线打团，被勉强甩出，自然不会甩太远的距离。若重新整理，既费事，又浪费时间。

这里向钓友们介绍一下拴“把手”的方法。有了这个“把手”，操作起来既安全又可以甩得远一些。取一段瓦工线（降落伞线亦可，切忌用尼龙线），长约20厘米，在主线上距离端部铅坠1.2~1.5米处（身材高取远，反之取近）折回一个线套，呈扁“又”字形（线套长5~7厘米），右手拿瓦工线，将瓦工线的一端穿入线套中，必须是狗咬纹压住主线，留出一小段线头，左手捏住线套中间。然后在线套上面缠绕数圈，在线套剩下1厘米处打住，再将另一端线头穿进线套，也是狗咬纹压住主线，同样应留出一小段。这时将主线用两只手同时向两边拉，抽紧线套（同时也抽紧两端的线头），然后将多余的线头剪去，“把手”即拴完。

正确的抛甩动作：首先在岸边插牢线板，将主线波浪式散放在地面。抛甩时身体侧对水面，双脚叉站，将“把手”用右手的拇、食、中指一起捏住，拎起装好钓饵的钓组，顺时针绕头顶上方旋转。当旋转3~4圈达到最大转速时，顺势将钓组投向水域钓点，右手同步松开“把手”，抛甩动作至此即完。这种抛甩方法是最佳的甩底钩方法，正常情况下能甩出六七十米远，如果再遇到顺风还能更远。但须注意两点：一是抛甩的出手角度不可太大，钓组与水面夹角不应超过30°，再大甩不远；二是鱼钩距离“把手”要在25厘米以上，近了有被挂手的危险。

下面再介绍两种抛甩方法，供钓友们借鉴。

（一）提绳法

把铅坠下端冲一小眼儿，将一段70厘米左右长的结实细线穿在上面，结一猪蹄扣勒紧。线绳的末端结一个大疙瘩（线套亦可），抛甩时手提线绳，前后悠荡几下，顺势向钓点甩出去。这种抛甩方法无须拴“把手”，简单省事，没有挂手的危险，而且甩出三四十米没问题。

（二）竿挑法

也是在坠下端冲一小眼，将一段 30 厘米左右长的线绳（扣死）穿上，线绳头部结一个死套，要比竿稍粗一点。另准备一根 1.3 米左右长的竹竿，抛甩时双手握竿，竿尖挑起绳套，侧身站立，将钓组自身体右后方甩向钓点，如果没有顶风，通常能甩出 50 余米远，而且很安全。

第七节 避免断竿措施

从某种意义上讲，钓竿是耐用品，也是钓具中的贵重物品。只要使用得当，很少会有断竿的情况发生，除非钓竿有质量问题。但是，断竿的现象的确存在，这主要是因为竿线的配合、选用不当，导致钓竿失去了保护机制；遛鱼、扬竿时的操作不当，使钓竿承受了不必要的超大力；平时收竿或出竿粗心大意，从而造成人为的失误。因此，只有正确使用钓竿，才能确保不断竿，一般有以下几点需要注意。

一、正确选用钓竿

每根钓竿的强度都是一定的，不同类型钓竿的强度是不同的。要保证不断竿，钓竿的强度就要与所上鱼的种类、规格相匹配。因此，在垂钓时要根据预期能上的大鱼规格，也就是所说的鱼情来选用钓竿。一般来说，若以钓草鱼、鲤鱼为主，或者说不愿放弃钓草鱼、鲤鱼的机会，就应选用综合竿、鲤竿等强度高的“重型竿”；如果以鲫鱼、鳊鱼为预期目标，可选用轻巧的鲫竿。如果硬是要拿着鲫竿去钓草鱼等大型鱼类，切线是不可避免的，如果线组用得过大，则会造成断竿。

二、线组的选用要恰当

为了避免发生断竿，台钓的线组分为主线、子线两部分。要根据钓竿的强度选用钓线，如果钓线太粗，其承受能力超过钓竿就会有危险。要有效防止断竿，就需要科学选用线组。一般来说，只要不用太粗的子线，碰到大鱼后通常只是切线，而不会断竿。

三、避免用力过猛

断竿的直接原因是作用在钓竿上的力超过了其承受范围。钓竿所受的力的来源主要有二：一是鱼中钩后挣扎时产生的冲击力；二是扬竿、遛鱼时钓鱼人的发力。因此，要想避免切线、断竿，就要合理调控扬竿、遛鱼时的发力，尽可能减轻对鱼的刺激，避免鱼的过度挣扎，遛鱼时回避与鱼的正面较量。

要想避免在垂钓中发生切线、断竿的情况，最重要的是扬竿动作规范，切不可扬竿过猛。造成扬竿过猛的原因主要有二：一是没有熟练掌握规范的扬竿操作要领，扬竿时没有撑鱼的过程，而是一扬到底，导致上大鱼时成了直接飞鱼；二是一见漂讯就激动，因而导致用力过大。所以，首先要避免扬竿过猛，关键是要保持平和心态，严格按照扬竿的操作规范进行。其次要用“太极功”遛鱼，鱼松我紧，鱼紧我松，避免与鱼的正面交锋。

四、合理调控钓竿的受力状况

台钓的主线、子线系统是保护钓竿的有效措施，但随着钓竿的受力状况的变化，钓竿所能承受的拉力大小也在变化，能否充分发挥、利用钓竿的强度，与钓鱼者调控钓竿受力状况的水平密切相关。要想使钓竿能达到最大的强度，只有在竿体与水面形成一定的角度，且整个竿体均匀受力时才能做到。也就是说，竿体在遛鱼时必须向上保持一定的倾斜角度，如果竿尖一点都不能抬起来，竿体不能弯曲，钓竿就无法发挥其弹力，这样就使竿、线、钩形成一条直线，也就是所谓的“拔河”，极易出现切线的情况。竿体与水面的角度越大，所能承受的拉力就越小，成直角时最小。在遛鱼时，将钓竿抬起来一点是必要的，但不能将竿子竖得太直。如果竿子竖得太直，仅300克左右的鱼就很可能损坏钓竿的竿梢或者第二节。这是因为，如果将钓竿竖得太直，就只有钓竿的前部受力，钓竿的承受能力将大打折扣。

此外，握竿的位置也影响着整个竿体能否均匀受力。为了不使竿失去太多弹力，握竿的位置不宜太靠前。一般在遛大鱼时，会感觉单手握竿比较吃力，所以垂钓者通常会用双手握竿，这时就要注意握竿的位置，要尽量握在手把附近，不要太靠前，以免人为地造成竿体受力不均匀，降低钓竿的强度。

第八节 如何处理有鱼就是不咬钩

有时，同一水域多个垂钓者一起垂钓，别人都不断有鱼上钩，唯独你的漂子纹丝不动，出现这种情况，就必须仔细查找原因，找找症结所在，采取相应对策，而不能一味地“傻等”，才能变被动为主动。

（1）如果你的窝中压根就没有“鱼星”迹象，毛病很可能出在诱饵上——你的诱饵不对鱼的口味，自然鱼就不领情，也不排除窝子打得不是地方——垂钓位置不当。这时当务之急是调整饵味或更换诱饵，分别试用一下自己带来的饵料，看哪一种管用。最好是询问一下临近上鱼钓友的配方，这样更便当，倘若人家不愿“透底”，切不可勉强。但是假如换了饵料后超过半小时（最多1小时）还是没有起色，这就说明问题可能并不在饵上，这时就该果断将此窝点放弃，另选别处打窝，才会有希望。

（2）如果你的钓点和诱饵都没有问题——窝子里不时有“鱼星”泛起，说明窝中有鱼，但抛钩后就是无声无息，这时就要考虑下述问题。

第一，是不是钓线过粗使鱼儿害怕？鱼钩、鱼饵偏大，小型鱼吞不进去？或是诱、钓饵不一致？还是炸弹钩的钓饵已分离？

第二，是否钓具组合不匹配，饵钩没有沉到水底？或是（钓底时）坠子太轻，致使饵钩悬空？还是底下有草、树枝等障碍物将钩子托起？抑或铅坠过重将饵钩拖入淤泥里？

上述问题均会影响上鱼。若鱼钩号大，钓线过粗，均应换成合适的；若属坠子过轻或过重，应立即更换重新调试；饵钩分离则应将饵的黏、散度调得适宜；钓饵偏大，诱、钓饵味不一致，就要重新换饵；若是水底有障碍物，就得另换地儿，当然采取舍弃坠的办法也并非一概不可以，但这样一来只能是钓浮鱼。如采取上述措施后还不见漂动，则必定是钓饵的毛病，应立即更换钓饵，只要有一条鱼上钩，就说明钓饵基本对路。倘若上了一两条又没了动静，应耐心等待，切不可又生怀疑，或许因为风力、风向、气温的暂时影响，人影、竿影、外界干扰都有可能造成鱼不咬钩。这时可以先到其他的窝子去钓，过一段时间再回来，说不定会有好的结果。

第九节 如何把握提竿时机

一般草鱼咬钩会先“点动”一下，接着边吞钩边离开窝点，这时的浮漂会缓缓沉入水中，最好的提竿时机是在沉入 4~5 厘米时，此时钩得深、钩得牢。如果在浮漂刚沉下 1~2 厘米时就提竿，则为时过早，因为这个时候的饵钩只是刚进入口腔，鱼甚至并没有闭上嘴，即使已衔饵闭嘴，也只含钩在较浅部位，极易拉豁嘴皮，造成跑鱼。鲤鱼胆小谨慎，在咬钩之前都会先进行窥探、品味，这时浮漂会有小幅起伏的反应，此时提竿，十之九空，即使钩上，也钩得较“嫩”，一拉就豁；探尝后，鲤鱼感觉钩饵合乎口味就会开口吞食，这时浮漂就会斜向下沉，要想稳妥、保险地提竿，只有等到浮漂稳定地徐徐下沉时，过早或过晚提竿都易跑鱼。鲫鱼咬钩有两种情况，生口鱼咬钩瓷实，浮漂一动，迅即抬头送漂，一般以送 2 厘米漂提竿比较稳妥；再一种是刁滑鱼，只碰合乎其口味的钓饵，有时浮漂点动了 4~5 次，甚至 7~8 次后，才会吞饵送漂。切忌在点动时提竿，如果不耐心等到其送漂就提竿，即使中钩，跑鱼率也会相当高。

第十节 如何处理操作方法不当导致的跑鱼

随着钓鱼运动蓬勃发展，我国钓界不断涌现出一批又一批垂钓爱好者。不少缺乏经验的新手，因为不当的操作，眼看着鱼快要到手却前功尽弃、留下莫大遗憾的情况比比皆是。究其原因，大多是因为垂钓者运用了不当的操作技巧而造成的，归纳起来大体有几种。

(1) 提竿过猛。初学者生怕鱼跑掉，漂一动他们就紧张，漂一沉便用力狠提、向后猛甩，不是让鱼“坐飞机”、前塘钓起后塘放生，就是拉豁鱼嘴、钓起一个鱼嘴圈，你看到谁那儿频频施放“飞鱼导弹”，必是初学者无疑。这样操作，一旦遇到大鱼，就会断线断钩，甚至极容易断竿。正确的提竿法前面已经说过，即抖腕有力而不飞线，就是说提竿再重，渔线不能腾空；提竿再轻，倒钩也必须入肉。这就要在平时注意“手法”训练。

（2）握位不准，倾角失当。有很多新手，本来用双手握着竿把，一看到有大鱼上钩，就心急忙慌，两手下意识地往上“倒把”，去握渔竿中间，以求抓到渔线。殊不知这样一来，必然缩短了竿的弹力臂，使其弹性弧度骤减，最容易导致断竿。应该注意，不管上了多大的鱼，正确的握竿位置都应是稳握竿尾把手部位，同时，要尽量抬起竿身，竖起渔竿，保持竿、线夹角不小于45°，使竿体发挥其弹性张力作用，以牵制的方式遛鱼，腕臂顺势左右缓缓用劲，切忌生拉硬拽，也切忌“拔河”，这样不仅钓具无恙，而且可大大提高上大鱼的成功率。

（3）除了耐性不足、技巧欠佳，初学钓鱼者还有一个通病，就是装备不齐，诸如不带抄网等。如果有稍大的鱼上钩，最好下抄网，实在没有抄网时，正确的操作方法应是：将鱼遛到精疲力竭的状态后，再将其轻轻拉到岸边，然后，左手轻捏钓线，右手将鱼抓上岸来。最好不要在起鱼时直接用手拎线提鱼，如果直接拎线提鱼，则从抓住渔线到提鱼，前后的整个过程应一气呵成，不能在中间停顿；更不能停顿一下，过后猝然拎起鱼往上一提，此种拎法十之八九会导致跑鱼——若钩得“嫩”便豁唇而逃，若钩得瓷实则会因鱼体过重使钓线折断。再者，如果直接强行拎鱼，就会在那一瞬间导致鱼剧烈地蹦跳，造成脱钩跑鱼。

第十一节　如何处理鱼上钩后连连脱钩

一、鱼钩问题

一种情况是钩的大小不适宜。若用大钩钓小鱼，因鱼嘴小吞不进去，会造成脱钩跑鱼；若用小钩钓上了大鱼，大鱼吐钩不费吹灰之力，同时因钩小也难以戳透鱼嘴，很容易脱钩跑鱼。另一种是钩的质量出了问题，例如钩尖太钝、不锋利，倒刺残缺、太短，钩弯不合理，钩被拉直、变形，甚至折断而造成跑鱼。特别是在多石砾的水域垂钓，钩尖磨秃、倒刺被石头拉损的事情并不稀奇，所以，外出垂钓时多带几组备用钩很有必要。

二、渔线问题

这也有几种情况。常见的是拴钩的脑线因使用时间过长出现磨损、老化、扭转、伤痕，都会使其强度降低、偏细，经受不住强大的拉力导致断线跑鱼。还有渔线过长，提竿时难以钩透鱼嘴，也是造成脱钩的原因之一。一般情况下，齐竿线定点钓，最好让线的长度比竿长稍微短一些，最多是相等，这样才会比较容易出线。如果钓线比钓竿长出 50 厘米，就不太方便出线，若赶上顶风，钓线就甩不出去，风线过长，自然就容易脱钩跑鱼；长竿短线定点钓，从浮漂至竿梢这段风线，最好不要超过 1 米，如果留得过长，不易绷紧，提竿时拉力不够，刺鱼无力，很容易脱钩跑鱼。因此，要经常对脑线和钓线的状态进行检查，发现问题，要及时更换、处理。

三、提竿方法和提竿时机掌握不当

有些缺乏实战经验的新手，抖完腕后没有立即提竿，导致钓线松弛，这时鱼儿会趁机松口，溜之大吉。有时由于海竿钓线过长，下垂的弧度太大，加之提竿太猛，无法在极短的时间内将力量传到钩上，致使上钩之鱼在这宝贵的几十分之一秒内吐钩而逃，实在是可惜！提竿的火候没有掌握好，也是造成脱钩跑鱼的重要原因之一。提竿迟误，鱼儿已吐钩而去；提竿过早，鱼儿尚未吞饵入口。另外，提竿用力的大小也对钓鱼的结果有一定影响。用力过猛，容易钩豁鱼嘴，造成脱钩跑鱼；用力过小，钩不牢鱼嘴。

四、拴钩方法不当

手竿垂钓时，如果拴钩的线结打得不牢，被鱼拉散了头，会造成丢钩鱼脱逃。若线结打反，打在钩柄外侧了，很容易导致刺鱼无力而脱钩。此外，用蚯蚓等装钩若留得过长，小型鱼吃饵时未能触及钩尖，也会形成空竿。

第十二节　如何处理鱼钩挂底

垂钓时，水下的杂草、树枝、树根、石块等障碍物将钩子挂住的情况时有发生，如果处理方法不当，很容易丢钩断线甚至折竿。遇到这类情况，采取以下方法处理较为妥当。

（1）可先将渔线放松，再轻提钓竿几下，一定不要急着强拉硬拽，或是在水面上画圈，一般可使鱼钩从障碍物上脱出来。

（2）变换角度提拉。为了让被挂住的钩子能变换位置，可以将竿梢放到水面上，再将其向自己的方向轻轻提拉，一般即可取出。如仍不脱离，可再换左右方向尝试，如果提拉的方向正好和障碍物的薄弱部位或空隙处处于同一个平面上，鱼钩即可被拉出。若向上、向左提竿都无法使鱼钩脱出，只有向右上方斜着提拉，才能将钩子拉出。

（3）如果钓点离岸较近，可找一根竹竿或木棍松动障碍物，如果能使其松动，就将其拉到跟前，将钩子取出。

（4）如水不深，可下水摘钩，但要注意安全。

（5）如果以上方法都无法取出，那就只能舍钩舍线，保住渔竿。办法是慢慢转动竿，将浮漂、渔线都绕到竿上，然后用力去拉。通常这种情况都会把钩、线扯断，但也会有完好无损被拉出来的可能，哪怕是折钩断线，能保住渔竿无损也划算。

第十三节 如何应对鱼类警惕性

（1）饵料对策。通过变换饵料的色、味、形，破坏鱼儿原有的条件反射，使其失去警惕性。例如，常用香饵的改用腥饵，常用素饵的改用荤饵，还可以变换上饵方法等。

（2）线具对策。即将线具的粗细、大小、颜色、形状和种类等变换。如交替使用小钩、串钩、大钩、炸弹钩，交替使用手竿、海竿等，在一定程度上消除鱼儿的警觉性。实践证明，将显眼的粗大线具换成精小细微的线具，会有明显的效果。

（3）环境对策。解铃还须系铃人，一定环境下形成的条件反射，也要靠改变这一“情景因素”来消除。如凭着已有的经验，鱼会知道“此处有危险”，这时垂钓者就要适当变换钓位，让鱼在改变的环境中不知道“彼处也有危险”，在形成新的“神经联系”前上钩。比方说，转移到过去无法下钩的隐蔽性水域垂钓（如水草丰盛处、水下乱石区、树根杂乱处等），或改近水浅钓为远水深钓。此类水域只要采取相应措施并非绝对无法垂钓。譬如粗线细钩，挂住钩了顶多损失鱼钩，可以绑上备用钩继续钓；使单钩，鱼上钩后只有鱼嘴里有一钩，不会挂挂拉拉造成跑鱼；另外可以相机采取离底钓，钩悬离水底，减少挂钩概率等。

（4）时间对策。垂钓者可以在时间上做文章，找对策。通常白天垂钓的人比较多，而夜深人静时垂钓的人较少，鱼类经常在深夜和早晚觅食，容易形成“此时无危险”的“心态”。所以用夜钓代替白昼垂钓是有效的对策；其次，对垂钓过频的钓场有组织地进行一段时间的“休钓”，这不仅有利于消除鱼类的警觉性，而且有利于保护生态环境，这也是有效的对策。再次，选择一个固定地点，定时喂饲做窝，但暂不垂钓，待鱼形成有利于垂钓的“条件反射”后，再进行垂钓，这也是有效的对策。如果可以综合运用上述对策，灵活取舍，效果必佳。

第十四节 如何处理手竿打不准钓点

提高上鱼率的关键一环就是打准钓点，特别是在参加钓鱼比赛时，更是关键的关键。因为只有投点偏差很小，才会在较短的时间里将分散的鱼儿诱聚到窝点中来，从而为多钓鱼、快上鱼创造良好的条件。因为操作不熟练，一些初涉钓场者抛起钩来准确性太差，往往东一榔头西一棒槌，不是左斜右偏，就是前后过油儿，难以形成窝点，钓绩不佳自不待言。

打准钓点的关键是掌握好抛钩的要领。初学乍练时两脚前后站立，面向垂钓水域，目视前方，竿尖指向钓点，抛钩前钓竿形成的弓形面应与水面垂直，竿、钩、线要在抛钩的一瞬间成一条直线。等到熟练抛钩技术后，即使是坐着抛，也能打准钓点。

第十五节 钓鱼临场应变

不同钓场的鱼情不同，需要采取不同的应对措施。即使是在同一钓场内，不同的季节甚至同一天的不同时间，也会有鱼情上的差异。所以临场应变的基本原则就是要根据鱼情状况选用合理的钓具。

一、钓竿应变

参加垂钓比赛的竞技型选手一般都会备有多根钓竿，有些资深的台钓发烧友，日常垂钓通常也要配多根钓竿，所以临场应变的第一步就是选用钓竿。在抛竿落点能达到鱼群的摄食活动范围、钓竿的强度能承受预期的上鱼对象的前提下，尽可能选用操控性好的钓竿是普通垂钓爱好者选用钓竿的原则。

钓竿的选用包括竿长和调性两方面。竿长的选择原则是能短就不宜长。因此，只要能达到鱼群的摄食活动范围，能用短竿，就不必用长竿。一般来说，在大型水体如湖泊、水库等处野钓宜用长竿；而小型水体如台钓俱乐部的练竿池、比赛池、商业钓场等，宜用3.6米的短竿。此外，如果是冬天到精养池类水体中垂钓，也应该选用长竿，因为这个时候鱼没有太多的摄食欲望，多在水体的深水处，已不大遛边觅食，如果竿长不够，很难钓到鱼。

对调性的选择主要是根据预期的上鱼对象进行选择，并根据实际的上鱼情况进行调整。如果垂钓水体上鱼率高的多为100克左右，甚至多为100克以下的小鱼，上超大鱼的概率几乎为零，偶尔上条大点的也就500~1250克，这种情况下一般选用轻巧的鲫鱼竿即可。

再如，去精养池垂钓，池中鳊鱼、鲤鱼、草鱼、鲫鱼等都有，属于典型的钓混养，其中的草鱼往往在1500克以上，甚至可达2500~4000克，这时就对钓竿的强度有一定要求，应选用综合竿、鲤竿等强度高的钓竿。如果放弃超大的草鱼，专钓大鲫和鳊鱼，也可选用结实些的鲫鱼竿。

二、浮漂应变

要根据垂钓时的天气状况、钓点的水深、钓场的鱼情等，正确选用相应的浮漂类型进行应变，或通过调漂来调整浮漂的灵敏度。

1. 天气　天气对浮漂的选择主要有两方面影响。一是风浪，如果预报垂钓时会有较大的风浪，为了增强浮漂在水中的稳定性，就应该选择碳脚长漂尾的浮漂。此外，如果有较大的风时，为了增强浮漂在水中的稳定性，同时为了增加铅坠的配重，就应选用号数较大的浮漂，这样便于抛竿。如果使用小号的浮漂，铅坠的配重过小，在风较大时抛竿将十分困难。二是如果天气闷热，易造成水中的溶氧不足。一旦水中的溶氧量不高，就会导致鱼吃食不正常，也就是钓鱼人常说的“轻口鱼”。这时要想钓到鱼，就要能察觉鱼吃食时那轻微的漂讯，这就要求此时浮漂的灵敏度要极高，保证可以及时反映微弱的漂讯。此时你要选择自己灵敏度最高的那支漂，在调整浮漂时也要以调灵为主，甚至可调至最灵——平水。

2. 水深　水深对浮漂的影响主要在于浮漂的号数，而不在于浮漂的类型。通常情况下，水越深的钓点，就应用号数越大的浮漂。之所以选用的浮漂号数要大，是为了使浮漂的下沉速度加快，让浮漂迅速下沉到位，从而使垂钓效率提高，同时也可以避免因饵坠的下沉时间过长，导致钩上的鱼饵散失过多。

3. 鱼情　浮漂的选用受钓点的鱼情的影响较大。包括垂钓对象的种类、垂钓对象的类型（生口鱼、滑口鱼）及根据垂钓对象吃食状况所采取的钓法（钓离底截杀、钓底或钓浮）。

一般来说，如果主要以生口鱼为垂钓对象，鱼的密度不大且吃食正常，则对浮漂的要求不高，此时的漂讯通常较为典型，动作大。由于鱼的密度不大，上鱼频率不高，钓离底截杀的意义不大，即使是不同漂型的垂钓效果也不会有太大的差别。孔雀羽软尾的示漂比较醒目，而且好观漂，中鱼的稳定性好，可能略有优势。如果鱼吃食积极且密度大，鱼常常离底上浮吃食，就应采取钓控层或钓离底截杀，这时就应选择使用细长身、长示漂的硬尾漂。因为钓离底截杀、钓控层可将垂钓效率提高。钓离底截杀、钓控层要求具有较高的观漂水平，必须对浮漂在“动—静阶段”的漂讯做到准确把握。如果鱼的密度大，上浮积极，可选用短身硬尾漂，钓浮打快鱼，或选用入水翻身快的竹脚漂。

如果在野钓时发现餐条等小杂鱼不少，但没有大鱼，就可以选用专钓餐条等小杂鱼的入水翻身快的竹脚漂。如果碰到滑口鱼，初学者以选用细长身短软尾孔雀羽较好把握；如果碰上了轻口鱼，则要选用灵敏度高的浮漂，并将浮漂调整到比较灵敏的状态。

三、钓线应变

钓线的选用主要考虑的是钓线的强度。种类、品牌不同，钓线的强度也不同；同一品牌、种类的钓线，号数越大，其强度就越大，但随之钓线也就越粗。越粗的钓线，鱼将钓饵吸入口中的难度越大，则会对上鱼不利；而且粗钓线在水中被鱼发现的可能性大，容易引起鱼类的警觉。因此，钓线选用的基本原则就是，只要钓线的强度能应对预期的垂钓对象，钓线越细越好。也就是说，线径相同，强度大的才是优质的钓线。

为了能钓大鱼，钓友们尤其是初学者往往会采用较粗的钓线。但是，钓线的强度应以钓竿的强度（承受能力）为其上限，不能没有限制。如果使用的钓线强度比钓竿强度要大，一旦遇到有大鱼上钩，断的就不是线，而是心爱的钓竿了。所以，不能在垂钓时盲目地配过粗的钓线，要因竿制宜，因竿而异。

台钓的线组分为主线、子线两部分，其目的之一就是为了避免断竿的发生。主线粗、子线细是主线、子线的搭配原则，正常来讲，主线的号数要比子线大1倍。例如子线用1号线，主线就用2号线。之所以这样搭配，主要是考虑中双鱼时主线的负荷会增大。有时，一些垂钓高手会将子线的号数增大，如主线用2号线，子线用到1.2号线，甚至1.8号。也就是说，主线与子线的号数差最少保持在0.2号。要想钓竿有较大的安全系数，就要让主线与子线的号数差大一些。初学者的控鱼能力差，主线与子线的号数差宜大，至少要有0.5号以上的差别。如果所配置的主线与子线的号数差比较小，则一定要严格检查、核对钓线的线径和拉力值，否则就容易出现主线小、子线大的倒挂配置。

整个钓组中子线必须是最薄弱的环节，只有这样才能保证钓竿与浮漂的安全。遗憾的是，市场上的大多数钓竿都未标定其允许使用的最大子线是多大，只有为数不多的钓竿用适用子线范围来标定钓竿的强度。

四、钓法求实用，不求花哨

每年的9月至11月初，是使用小海竿钓鱼的最佳时段。只要熟悉所钓湖库的鱼情，就可以弃手竿而专用小海竿钓，比用其他钓法有效得多。

（一）用饵对路

这里的“对路”指两方面。一是对鱼的口味。鱼儿在这一时段，对荤素饵都感兴趣，只要我们投其所好，施用本水域及本地的常用饵就能达到用饵的对路。二是给鱼适口性。饵的形状大小要方便鱼的吞食，就是所谓的适口性。虽然这是一件小事，但对提高鱼的咬钩率是大有好处的。通常在多鲫鱼的水域，用串钩钓时，不能用太方的饵，当然也不适合用太大的，其形状和大小以似小粒花生米最为合适。如果百克左右的鲫鱼多，饵还可用得更小，用酒糟粒中的胚芽挂钩更佳，每钩挂两颗，一颗挂在钩尖处，一颗穿在钩背处。此饵既具有韧性，又有酒香味，不仅耐泡，而且抗小鱼闹，且色白诱鱼，亦是钓鲤、草等鱼的好饵。用蚯蚓宜穿满钩，钩尖外多余部分要少，用湖虾挂钩则需去掉锐角和长须。挂青玉米粒时，钩尖宜先穿透外皮再退回藏入。总之把握住：一是钩尖不能外露，二是以鱼确定用饵大小，原则上是宁可用小饵钓大鱼，也不用大饵钓小鱼。

（二）支竿

每次出钓可携三五根竿，竿多时可支多组，竿少时可支成一组，也可以进行散投，遇到鱼情后再集中投竿。考虑水底钓饵给鱼提供咬钩时的便利性和鱼咬钩的灵敏度，架竿，夹角为三四十度即可。这样有抗风性，鱼咬钩时，竿子也有一定的自动回弹力而反作用于钩子，使鱼在没有人提竿的情况下也能咬死钩。另一种支竿的方法是将竿子放成接近水平状并用脚架架住，竿尖离地三四十厘米，竿尖直对钓点水域，使多钩串钩都尽可能地落底，对鲫、鲤一类的底层鱼引诱力加大，也可使竿尖略为斜偏，更易观察鱼咬钩的情况。

（三）观鱼讯

最好在专钓小海竿时不要挂铃，实战中使用铁铃，会经常出现夹口卡线跑鱼的情况。只要垂钓者一直守在竿旁，盯着线或竿尖的状态，及时发现落线、抖动等鱼咬钩的讯号，即便偶尔疏漏，甚至竿尖不再抖动，只要见线落或竿移位，举竿后仍会有鱼上钩。一般情况下，串钩钓时，如用饵得当，会有鱼自动上钩的情况；爆炸钩有鱼讯，鱼不易脱逃，因此不一定要盯得紧。用串钩钓时，只要把握住在竿尖连续抖动时扬竿，就会有较高的成功率。而如果数次连续间歇抖动，则说明有鱼上钩了，应低力度提竿取鱼。需要注意的是，用蚯蚓做饵时，较佳的提竿时机应在竿尖下压时，主要是由于饵形的细、长便于鱼吞食。

（四）多使用抄网

小海竿与长手竿比较，缺乏弹性，而且当有鱼讯时，直接作用力要比手竿来得慢，故掌控中的鱼的稳固性变数较大，所以常会有将鱼遛到岸边，用力提竿时，鱼就脱钩而逃的情况，这种遗憾又多发生在岸边有水草等杂物或有高坎的地方，因此有必要配一把中号抄网。由于串钩和爆炸钩钩多线乱，加上挣扎中的鱼会将线弄乱，此时再用抄网挂攀，取鱼解钩就比较麻烦，很是恼人。较好的办法是，用偏硬而略粗的单股锦纶丝编织的大眼抄网，忌用软丝线的密眼抄网。遇鱼情紧密时，快速解钩的办法只有把口线从连接扣中取出，另装新钩组。

不管采用哪种钓法，使用何种钓具，钓位的选择都非常重要，只有准确地找到有鱼活动的地方才能达到钓到鱼和多钓鱼的目的。

第八章

钓鱼安全常识

第一节 了解安全保护知识

有的垂钓水域地形较复杂，因此，必须做好安全防护工作。应选择较为平坦的地方做钓位，如果选在高坡陡坎处，有大鱼上钩时容易出现危险。野外地形复杂，有高崖陡坡，有崎岖山路，必须要小心地通过这些地方。一些垂钓水域处有土质松软的沼泽区，这里承压能力低，若陷进去将易出危险，应敬而远之。在经过农村长满野草的田埂时，要特别注意；一旦遇到下雨，更是泥泞难行，这时更要小心谨慎。选好钓位后，要先对脚下的泥土做一下检查，看是否结实，如不牢靠，应另选钓位。最好结伴外出垂钓，如有意外，可以互相帮助，互相照顾。

第二节 钓鱼注意事项

一、计划编制

和伙伴一起外出钓鱼时，为了确定何时（外出日期）、何处（钓鱼场）、钓什么鱼、用什么渔具（自竿）和饵料，以及怎样钓鱼等，最好先拟定一个计划。

此外，还要考虑到天气情况、家务事安排、自己的健康状况、费用及伙伴的情况等。

1. 外出时间　钓鱼是一项有益身心的体育活动，最好选在休息日外出钓鱼，且要当日返回。

2. 钓鱼场的选定　可向行家或伙伴征询意见，确定钓鱼场。

3. 确定所钓对象　不是钓什么鱼都可以，而是大体确定钓什么鱼，便于认真做好准备。要钓自己擅长钓的鱼。

4. 渔具和饵料的准备　渔竿等渔具和饵料通常要准备两种合适的。

5. 要研究钓鱼技艺　钓鱼的方法在不同的时期总有些不同，因此需对适合该时期的钓鱼技艺和适用的钓具进行研究。

6. 计划表的编制　确定钓鱼计划后，要编制切实可行的实施计划表。明确集合时间、所需费用、钓鱼场，并写好朋友的名字、地址、电话号码，留给家人备查。

二、气象知识

垂钓事故年年有增加的趋势，虽然在河边垂钓比较安全，但是溪流的山洪暴发（突然涨水）处是事故的多发地段。因为垂钓者通常要进入下游河中的沙洲，一旦因为上游大雨造成洪水猛增，就会无法返回，从而造成事故。

虽然大雨、台风之后是垂钓的绝好时机，但如果水流太浑浊，并不适宜垂钓。只有在水面稍清澈时才是最佳时间。

三、沼泽地的涉行

钓嘉鱼、鳟鱼等溪流鱼类，不可避免地要在沼泽地涉行。在水边行走，有以下几点需要注意。

1. 准备好靴子　在过河时，由于河石上积满苔垢，很滑，故为了避免滑倒，应穿着草鞋或穿鞋底带钉子的尼龙毡靴。行走时要看清路，防止被石头绊倒，造成挫伤。从崖石上跳下时，虽然较为安全的是跳到积有枯叶的地方，但同样需要注意坑洼不平的危险。必须引起注意的是，大雨过后，河里的石头常会变得不稳当。

2. 不要让河里映出人影　溪流里的鱼很敏感，对水面上的人影会比较害怕，故应在向阳的岸边投竿垂钓。狡猾的嘉鱼和鳟鱼甚至对渔竿的影子也十分警觉。

3. 隐秘行动　垂钓者在溪流中钓鱼，一定要隐秘行动，这一点非常重要。

在岸边移动时，尽量不要有响声，尤其是在河石上行动时，由于石头之间碰撞，会有很大的声响产生。一旦水中出现较大声响，就会惊跑鱼儿。

因此，垂钓者必须隐秘行动，躲在不被鱼儿发现的地方进行垂钓。

四、良好的钓鱼风格

各地为了保护自然生态，逐渐对垂钓者按照不同项目，制定了各种规则。例如对于嘉鱼、鳟鱼和香鱼或其他珍贵鱼种收取钓鱼费用且规定了垂钓期限、禁止非法捕获等。这样做，是为了保护鱼类，使钓鱼场可以长期为人们提供娱乐场所。

1. 禁止滥捕　垂钓者都想多钓些鱼，但应考虑到等鱼养大了再钓。如果有小杂鱼上钩时，应将其放掉，等其长大后再钓取。垂钓者不应垂钓产卵前的鱼。

2. 人人保护　常会有人在寒冷的天气里，到钓鱼场的河滩上烧起篝火，但往往在离去时忘记熄灭篝火，这极容易引起火灾，为了确保安全，必须将其熄灭。废纸、空罐头盒，特别是塑料包装袋等，不得随意丢弃，要带离钓鱼场扔到垃圾箱内。

3. 不要给他人添麻烦　不管是在水田还是旱田行走，都不能毁坏农作物。不要从其他垂钓者的前面通过，切忌妨碍他人垂钓，走路要保持安静。不要高声喧哗和播放收音机，如在垂钓者旁边下竿，应先征得对方同意，方可下竿。

为了共同享受垂钓乐趣，大家应养成良好的钓鱼风格，共同遵守规则。

第三节　保护眼睛

手竿垂钓时，往往要用眼睛盯住浮漂，时间一长，会对视力带来影响，因而必须保护好视力。看漂时，要注意劳逸结合，不能死盯住浮漂。可以看漂 10～15 分钟后，闭目养神片刻，或看远方绿色植物，也可用海竿代替。要避免阳光直射面部，避免阳光对眼睛的刺激。可在垂钓时戴合适的遮阳帽或太阳镜。应尽量避免在迎风面垂钓，可戴防风镜保护眼睛，以避免沙子进入。若钓点较远或风浪太大，应尽量选择大一些的浮漂，这样便于识别。适当吃一些保护视力的食物和药物，如猪肝、水果、鱼肝油丸等，以补充维生素 A、维生素 C。

第四节 避免晒伤

阳光的过度照射，会使人体的天然防护机制受到破坏，使人过早衰老，所以要注意防护。即使再热，也要在夏日垂钓时戴阔边帽，穿长衣长裤，有条件时还要用太阳伞遮阳。夏日炎炎，尽量避免阳光直射，可尽量选择有建筑物、树木遮挡的阴凉处垂钓。要将防晒霜随身携带，钓鱼时在脸上和手上，特别是耳朵、鼻子、颈部等处抹一些。除了要预防阳光直晒，还要注意预防水面反射的阳光，这种反射光同样会带来危害。

第五节 防止电击

电的用处很多，但也会给人带来伤害，所以垂钓者在垂钓时必须严格注意，避免遭到电击。钓鱼者通过高压电线下时，不要举竿或扛竿，尤其是携带导电的碳素竿时。如果遇到阴雨天，因为钓竿表面潮湿，即使是不导电的玻璃钢竿也会导电。对于导电的碳素竿，不适合在低压电线下方垂钓。在高压电线下更要严禁使用碳素竿。垂钓者一定不能到有输电线的位置打海竿，一旦挂到电线上，切不可硬拽，否则容易造成短路，烧毁线路或电器。如果垂钓处的周围有增氧机，应尽量避开电线，一旦钓线挂到电线上，要果断切断钓线，切不可下水摘钩。在多雨的夏季垂钓，垂钓者要谨防雷电。一旦发现雷声隆隆，雨云堆积，要及早收竿躲避。钓鱼者避雷雨时，应找低而干燥的地方，千万不可在大树下或高压电线附近躲避。

第六节 防止蜂蜇

在荒郊野外，有很多蜂类，人一旦被蜂蜇，会异常疼痛，甚至有的蜇人蜂还会致人死亡。为此我们应当注意保护。蜂类一般都喜欢在树丛中活动，所以在通过树丛前要严密观察，发现某处蜂类密度大时，最好绕道而行，避而远之。发现某处有蜂窝时，动作必须轻，要严加小心，切不可惊动蜂群。哪怕是单个蜂，也不能招惹，若将之惹恼，被蜇一下可是后悔莫及。选择钓位时要特别注意附近蜂类的活动情况，如果发现周围蜂类活动频繁，则应另辟钓位。万一被蜇伤，可用镊子将毒刺拔出，再用肥皂水或小苏打冲洗蜇伤处，以缓解痛楚；一旦被胡蜂蜇伤，要马上到医院进行治疗。

第七节 避免被毒蛇咬伤

垂钓水域，一般都是人迹罕至、草多林茂之处，这里也正是蛇类出没的地方。人如果被毒蛇咬伤，很有可能危及生命，所以，必须采取一些有效的防护措施。毒蛇见到人后大多会避开，不会主动攻击人；但如果有人侵犯了它的领地，它就会毫不客气地攻击入侵者。所以垂钓前可进行“打草惊蛇”，将蛇惊走，以免蛇与人猝然相遇，发生危险。垂钓者应在垂钓时穿上长衣长裤，不能穿凉鞋、拖鞋，少将肢体，尤其脚踝、腿等露在外面。用布包一些干姜、雄黄，随身携带，蛇类闻到它们的气味便远而避之。万一被蛇咬伤，要马上进行自救：将伤口上方用柔软的布带扎紧，阻止血液回流；然后将伤口浸入水中，用手挤压，以便让毒液排出；将雄黄、干姜粉末或蛇伤药涂在伤口处，若有蛇伤急救药，可按说明自救；包扎好后将被打死的毒蛇带上，立即去医院救治。

第八节 躲避蚂蟥侵扰

虽然蚂蟥对人的危害不及毒蛇，但也会给人带来一些疾病与麻烦。蚂蟥多在水中生活，是垂钓时经常遇到的“冤家”之一，必须防止其侵扰。在下肢的暴露部位涂抹清凉油、风油精、驱蚊油之类的药物，蚂蟥闻其味不敢靠近。垂钓时，穿上长衣长裤、袜子、鞋子，不穿短裤、打赤脚，不涉水垂钓。若发现蚂蟥吸附在皮肤上，用酒、烟油、风油精等涂抹在蚂蟥身上，使其受刺激松开吸盘，或可用手掌拍击蚂蟥，使其受惊，松开吸盘，切忌用手拉拽蚂蟥，这样易使伤口变大，流血不止。

第九节 注意卫生保健

（1）注意饵料卫生，防止污染。若用变了味的家禽内脏做钓饵，在制作时要注意卫生。蚯蚓被认为是“万能钓饵”，然而地下的蚯蚓多在污水、垃圾堆中生活，非常脏。使用蚯蚓时先让蚯蚓在清水中吐出脏东西，然后用小盒装些糠粉或锯末、茶叶渣，再把蚯蚓放入。即使这样，也不要用刚摸过蚯蚓的手去抓食品入口，防止病菌入口。

（2）不要用池塘的水洗食品、洗脸。野外塘里的水很不干净，有的细菌很多，甚至污染很严重，绝不能使用其洗食品，也不能用来洗脸。通常，脸在夏天晒得发红时，用脏水一洗就会马上红肿发炎。

（3）有心血管病、高血压的人外出，为了以防万一，应备好应急药物，如救心丸之类的药。垂钓不要过度劳累，透支体力，应量力而行。午后应尽量找个阴凉处休息一会儿。况且，中午气温高，也不易钓到鱼。为了避免因受热、受凉而患感冒，最好不要在酷暑、寒冬、风雨天出外钓鱼。

（4）注意对眼睛、皮肤的保护。钓鱼人常常是目不离漂，手不离竿，眼睛很累，如果水中有浪，浮漂一沉一浮，眼睛更累。甚至水面有阳光时，波光粼粼也会对视力产生影响，易疲劳。应让眼睛每隔几分钟向远处眺望或闭目片刻；阳光太强的话应戴墨镜。

（5）注意饮食卫生。一些钓鱼者钓起鱼来就什么都忘记了，宁愿不吃饭也不能不钓鱼，殊不知这样会对自己的身体造成极大的伤害，每个钓鱼者应当特别注意这几点：一是外出垂钓时，若是自带干粮，要保证食物有充分的营养，但不能油腻，要搭配好主食和副食，饮用水要带足。二是不要随意打破一日三餐的习惯，要适时进食，不可因贪钓而忘食。三是饮食前必须将手洗净。因为手在垂钓时会接触各种鱼饵，如果用这样的脏手去拿食物，会污染食物，从而危害人体的健康。若用蚯蚓做饵，则更要注意饮食卫生。如果蚯蚓卵进入了人体，就会在体内孵化，导致人体生病。四是千万不要食用变质、变味的食物，以免影响身体健康。五是如果可能，可以在当地人家中就餐，这样可吃到热饭，且安全卫生。